novum pro

Erwin Steinhauser

Der achte Berg

Erfahrungen, Einsichten, Erkenntnisse

novum pro

Bibliografische Information
der Deutschen Nationalbibliothek:

Die Deutsche Nationalbibliothek
verzeichnet diese Publikation in der
Deutschen Nationalbibliografie.
Detaillierte bibliografische Daten sind
im Internet über
http://www.d-nb.de abrufbar.

ISBN 978-3-99026-499-7
Umschlagfoto: Erwin Steinhauser
Umschlaggestaltung, Layout & Satz:
novum publishing gmbh
Innenabbildungen:
Erwin Steinhauser (95)

Die vom Autor zur Verfügung gestellten Abbildungen wurden in der
bestmöglichen Qualität gedruckt.

Gedruckt in der Europäischen Union
auf umweltfreundlichem, chlor- und
säurefrei gebleichtem Papier.

www.novumverlag.com

AUSTRIA · GERMANY · HUNGARY · SPAIN · SWITZERLAND

Mein langjähriger Lehrer hat mir folgende Zeilen gewidmet.

"Lieber Erwin-Sensei,

Vielen herzlichen Dank, dass Sie uns trotz des schlechten Wetters beim Seminar besucht haben.
Ich schätze es sehr.
Es hat mich sehr gefreut, Sie mit ihrer Jugendlichkeit und einem heiteren, einem Budo-Jin typischen Lächeln zu sehen.
Es ist toll, dass Sie 70 geworden sind!

Ein Mal hinfallen, zwei Mal hinfallen, drei Mal hinfallen.... und nun haben Sie den siebten Berg bestiegen. Aber jetzt kommt der richtige Berg.
Sieben Mal hinfallen und trotzdem aufstehen.
Ich werde Ihnen beim Besteigen des achten Berges folgen.
Zeigen Sie uns den Weg. Bleiben Sie gesund!".

Sekiguchi Komei, Juku-cho
Muso Jikiden Eishin Ryu Iai-jutsu

Tokio, im April 2010

Von meinem japanischen Sensei, Sekiguchi Takaaki (Komei), Weltoberhaupt dieser traditionsreichen, japanischen Schwertkampfkunst bekam ich dieses FAX-Schreiben zu meinem 70. Geburtstag.

Seit dem 16. Jahrhundert gibt es in Japan die Tradition, runde Geburtstage des Lebens mit einem bestimmten Titel zu versehen. So heißt der siebzigste Geburtstag eines Menschen in Japan "Koki". Das kommt vom chinesischen Spruch: "Selten wird man siebzig Jahre". Heutzutage ist es nicht mehr so selten, siebzig Jahre alt zu werden. Seltener vielleicht, dieses Alter vollkommen gesund zu erreichen, wofür ich dem Universum täglich meinen Dank sende. Diese Botschaft meines Lehrers war möglicherweise der Anstoß, meine Erfahrungen und Erkenntnisse in Buchform herauszubringen. Ich fühle nun eine Bereitschaft dazu. Der achte Berg..., dieses Bewältigen von Bergen im Laufe eines Lebens kann man metaphorisch betrachten.

In Japan hat ein Satz, ein Wort viele Bedeutungen. Das Hinfallen und wieder Aufstehen zum Beispiel bedeutet auch, einer Lebensgefahr ausgesetzt gewesen zu sein und diese unbeschadet überstanden zu haben. Um meinen Weg über die Berge nahe zu bringen, halte ich es für notwendig, einen kleinen Rückblick zu machen. In komprimierter Form, um nicht zu lange damit aufzuhalten. Ich finde, in jedem Jahrzehnt ist der Schlüssel meiner Weiterentwicklung zu finden. Möge meine Retrospektive der einen oder anderen Person Erfahrungen und Erkenntnisse aufzeigen, um noch früher als ich, zu den tiefen Geheimnissen des Kosmos vorzudringen, um dadurch ein Leben in Ausgeglichenheit und Harmonie führen zu können.

VORWORT

Seine Verdienste
nicht herausstellen -
das heißt:
Verdienstvolles schaffen.

(Lao-Tse)

Auf der Suche nach einer japanischen Schwertkampfschule habe ich Erwin Steinhauser, heute Vizepräsident der "EUROPE IAIDO ASSOCIATION" MUSO JIKIDEN EISHIN RYU IAIDO/IAIJUTSU, kennen gelernt.
Mein Interesse an dieser Schule wurde dadurch hervorgerufen, da sie die einzige in Österreich ist, wo in der Ausbildung auch das äußerst scharfe Samurai-Schwert für den Übungsablauf Anwendung findet.

Beeindruckend war, dass bereits beim erstmaligen Betreten des Übungsraums (Dojo), der als Ort des Weges bezeichnet wird, gewisse Parallelitäten zum Zen-Buddhismus spürbar waren, was sich insofern bestätigte, dass nicht nur vorrangig die einzelnen Übungen (Katas), sondern auch die spirituellen Praktiken der Meditation, wie zum Beispiel das Freiwerden von Gedanken, angesprochen wurden.

Gerade die Spiritualität, die für die Vorstellung einer geistigen Verbindung zum Transzendenten steht, hat für Erwin Steinhauser einen hohen Stellenwert. Er vertritt die Ansicht, auch wenn sich die Wissenschaften um Erweiterung des Wissens und um die methodische Suche nach neuen Erkenntnissen bemüht, dann soll, wenn diese an ihre Grenzen stoßen, auf jene Phänomene verwiesen werden, die eine

Wirklichkeit bezeichnen, die das voraussetzungslos sinnlich Wahrnehmbare überschreiten.

Diese Phänomene, wie die Transzendenz, die nicht durch bestimmte Darstellungsweisen repräsentierbar ist, sowie die Spiritualität und die spirituellem Elemente, die für die Vorstellung einer geistigen Verbindung zum Transzendenten und dem Jenseits stehen, werden ebenso in diesem Buch angesprochen und in einen verständlichen Kontext gebracht.

Einen hohen Stellenwert gibt Erwin Steinhauser hierbei der spirituellen Energie, voran dem postnatalen "Ki", einer Lebensenergie, die über den Atem aktiviert wird und eine Harmonisierung im inneren Funktionskreis des menschlichen Körpers bewirkt.

Da Erwin Steinhauser ein Mann mit Prinzipien ist, der seine Kraft und Energie aus diesem "Ki" schöpft, wird er auf seinem vor ihm liegenden Weg mittels dieser auch den achten Berg bezwingen, was ich ihm von Herzen wünsche.

Das "Ki" möge ihm aber auch die Kraft geben, sein Wissen und seine Erfahrungen seinen Kohais und Sempais (Schülern) und all jenen, die ihr Interesse am MUSO JIKIDEN EISHIN RYU IAIDO/IAIJUTSU bekunden, mit der Methodik, die ihm eigen ist und dem Arrangement, das ihm auszeichnet, weiterhin zu vermitteln.

Dafür danke ich ihm als sein Sempai und wünsche ihm weiterhin viel Erfolg.

(Peter J. Kubicek)

Anleitung

Um zu den tiefsten Geheimnissen des Universums vorzustossen, bedarf es eines Umdenkens. Nicht sture Hartnäckigkeit oder verbissenes Üben führt durch das Tor der Erkenntnis.

Zielführender ist es, die Dinge mit Geduld und ohne Erwartungsverhalten auf sich zukommen zu lassen. Moderne Lernmethodik und das nur "nach Zeit denken", führt nicht zu spirituellen Erfahrungen. Den Gedanken Zeit auszulöschen, wird eine der größten Herausforderungen werden, da der Gedanke Zeit auch nur den kleinsten Zugang zur vierten Dimension blockiert.

Ein junger Mann kam zu einem
Schwertkunstmeister und fragte:
"Wie lange werde ich brauchen, bis ich die
Schwertkunst beherrsche?".
Der Meister antwortete; "Zehn Jahre".
Der junge Mann war erschrocken: "So lange?"
fragte er ungläubig.
Daraufhin der Meister: "Nein, ich habe mich
geirrt. Du wirst zwanzig Jahre brauchen".
Der junge Mann fragte: "Warum habt ihr die
Zeit verdoppelt?".
Sagte der Meister: "Wenn ich es recht überlege,
wird es in deinem Fall wahrscheinlich dreißig
Jahre dauern".

Selbstloses Denken und das Reduzieren des eigenen Egos sind ebenfalls oft unüberwindbare Hürden. Wenn schon, sollten meine Denkanstöße in kleinen Schritten umgesetzt werden, zum Wohle aller Mitmenschen.

Einführung

Zu Erfahrungen und Erkenntnissen, zu denen andere Personen Jahre gebraucht haben, ist oft ein sehr einfacher Schlüssel zu finden.

Deshalb brauchte es nur einen kleinen Anstoß für mich, um der werten Leserschaft die Schlüsselsuche zu erleichtern. Ich habe mich bemüht, meine Erfahrungen, Erkenntnisse und Einsichten so zu ordnen, dass die Anregungen zur Umsetzung von leicht zu schwieriger gereiht ist.

Meiner Meinung nach ist es schön, schon bald feststellen zu können, das es zum ersten "Aha-Erlebnis", nur ein kleiner Schritt sein kann.

Andere wünschenswerte Eigenschaften, sind nicht erlernbar, sondern öffnen sich erst durch die Erfahrung.

Um etwas zu erfahren, bedarf es einer kontionierlichen Übung, die aber nicht erzwungen werden soll.

Kontinuität und Kreativität sind heute aus der "Mode" gekommen. In der modernen Konsumgesellschaft bewerben die Lobbys die psychisch manipulierten Konsumenten mit "Fertigem". Fastfood und All-in-one Artikel sind "cool".

Alles zielt auf "Du-musst-auch-haben".

Die Menschen in der Wohlstandsgesellschaft sind dadurch gefangen und nicht ausgeglichen. Schon gar nicht zufrieden, erholt und glücklich. Treten wir den Gegenbeweis an!

Inhalt

4. Transzendenz

5. Anhang

Danksagungen

Ich möchte mich auf diesem Wege bei allen Menschen bedanken, die mich zu diesem Buch ermutigt haben. Vor allem Mag. Helga Kernstock-Redl und Ing. Mag. Dr. Peter J. Kubicek, ohne deren Hilfe ich dieses Buch nicht vollendet hätte.

Ich fühle es auch als eine schöne Pflicht, die Lehrer und Sensei anzuführen, die mich auf meinem Weg begleitet haben und durch ihr Wissen und ihre Geduld, meine Entwicklung erst möglich gemacht haben.

JUDO
Mahito Ohgo, J
Tokio Hirano, J
Kasahiko Kimura, J
Masaaki Ueda, J,Ö
Anton Geesink, NL
Fritz Svihalek, Ö
Robert Jaquemond, Ö
Leopold Korner, Ö

KARATE
Isao Ichikawa, J,Ö

AIKIDO
Claude Pellerin, F

TAI-CHI-CHUAN
Elfriede Langhammer, Ö

IAIDO
Wolfgang Schneider, Ö
Robert Besler, Ö

IAI-JUTSU
Takaaki (Komei) Sekiguchi, J
Jan de Haan, NL

NAGINATA-JUTSU
Nobuko Shimizu, J

ZEN
Pfarrer Karl Obermayer, Ö

Die Auflage wurde von der Erste Bank der
österreichischen Sparkassen gesponsort

1. Die sieben Berge

Japanisches Zeichen für *Mushin*
Leerer Geist

Mushin bezeichnet einen Geisteszustand, in den sich sehr erfahrene Kampfkünstler während eines Kampfes begeben können. Der Begriff stellt eine Abkürzung von mushin no shin, einem Zen-Begriff, der sich mit "Bewusstsein ohne Bewusstsein" übersetzen lässt, dar. Gemeint ist hiermit ein für alles offener Geist, der sowohl von Gedanken als auch von Gefühlen befreit ist.

Der Zustand des Mushin wird erreicht, wenn eine Person während eines Kampfes weder Wut, Angst noch ein Ich-Bewusstsein empfindet. Ablenkende Gedanken werden ausgeblendet, so dass der Kämpfer ohne Zögern agieren und auf Aktionen des Gegners reagieren kann. Er vertraut in diesem Zustand eher auf die Intuition, als darauf, was gedanklich der nächste Zug des Gegners sein könnte.

Der Geist arbeitet in diesem Zustand sehr schnell, jedoch ohne bestimmte Absichten oder Ziele. Erst nach einigen Jahren Training kann ein Kampfkünstler fähig sein, den Zustand des Mushin zu erreichen. Dies erfordert, dass Bewegungskombinationen und Techniken mehrere tausend Mal zu wiederholen sind, damit sie spontan und ohne bewusste Gedanken ausgeführt werden können.

Der erste Berg 1940-1949

Mit der Geburt beginnt der meist steinige Weg des Lebens. Besonders, wenn sie in eine Zeit des Krieges fällt. So war für mich das erste Dezennium durch den zweiten Weltkrieg, das Kriegsende und die Nachkriegszeit, entscheidend und prägend.

Ich erinnere mich noch sehr genau an das "Hausen" im Kohlenkeller, um bei Fliegeralarm vom vierten Stock des Hauses nicht zu spät in den schützenden Luftschutzkeller flüchten zu müssen. An das Beobachten des anfliegenden US Bombengeschwaders vom Flachdach unseres Zinshauses. An den ohrenbetäubenden Lärm der detonierenden Bomben. An das Flüchten der Bewohner der Nebenhäuser durch die durchbrochenen Kellerwände in unser nicht getroffenes Haus. An die nassen Tücher vor dem Mund, die uns vor dem Staub schützen sollten. Den erkenne ich heute noch, wenn ein altes Haus abgerissen wird.

An das brennende Haus gegenüber, in dem eine Brandbombe eingeschlagen hatte. Wie sich meine Mutter mit Ruß das Gesicht verschmierte, um nicht von den durch die Häuser ziehenden Soldaten der Russischen Armee vergewaltigt zu werden.

Unser Sportplatz waren die baufälligen Kriegsruinen, die zerbombten Häuser. Es gab nichts, kein Licht, kein Strom, kein Gas. Die Lebensmittel waren rationiert. Meine Mutter ging zu Fuß bis in das Burgenland, um Erdäpfel zu besorgen. Es gab kein Spielzeug, also bauten wir Trittroller sonstiges Interessantes und

“Waffen”, selber. Es war eine sehr unsichere Zeit. Aber es war auch eine die Kreativität sehr fördernde Zeit. Es gab Jugendbanden. Man durfte sich nicht alleine auf die Straße wagen. Oft genug entzog ich mich Schlimmeren durch das schnellere Laufen. Einmal erwischte es mich und ich wurde an einen Baum gebunden. Wie ich da losgekommen bin, ist mir bis heute rätselhaft.

In guter Erinnerung sind mir die US-Soldaten geblieben, die uns bei diversen Veranstaltungen mit Süßigkeiten und Geschenken beglükkten. Die Zeiten besserten sich in unserem heutigen Sinne. Begüterte Familien zogen meinen Neid auf sich. Ich wollte gerne auch etwas mehr haben. Ausrangierte Kleidung, die wir geschenkt bekamen, und die ich tragen musste, beschämte mich. Exotische Früchte waren Luxus. Uns blieb nur die Möglichkeit, zu erahnen wie es schmeckt, indem wir Bananenschalen aus dem Mistkübel fischten, um das innere Etwas herauszukratzen. Die sogenannten "Ziegelweiber" hatten ihre Arbeit, das Abklopfen des Mörtels von den Ziegeln aus den Ruinen, abgeschlossen. Die so aufbereiteten Ziegel bildeten damals eine Basis für den Wiederaufbau.

In diesem Krieg verlor ich zwei Väter; den eigenen und meinen Stiefvater, weil meine Mutter während des Krieges nochmals geheiratet hat.

Wir Kriegskinder wurden auf "Erholung" geschickt. Ich kam nach Reute/Tirol. Der Bauer, bei dem ich untergebracht war, war sehr streng zu mir. Ich musste barfuß (nur nicht wehleidig sein) über das Stoppelfeld laufen.

Auch sonst war es keine erholsame Zeit.
Eines Tages wollte ich es als Fünfjähriger wissen. Am Dorfplatz befand sich ein großer Brunnen, der auch als Viehtränke Verwendung fand. Als Überlauf diente ein langer, hohler Stöpsel aus Holz. In meinem kindlichen Übermut wollte ich diesen Stöpsel, am Brunnenrand knieend, herausziehen. Weil sich jedoch an diesem Stöpsel bereits Algen festgesetzt hatten, rutsche ich mit meinen kleinen Händen daran aus und fiel in den Brunnen. Auch hier weiß ich bis heute nicht, wie ich da herausgekommen bin.

Bombenhagel und Brunnen?

War es schon so etwas wie eine Bestimmung?

1942 - der 2. Weltkrieg, hier mit meiner Mutter und mit meiner Schwester

Kommunion 1949

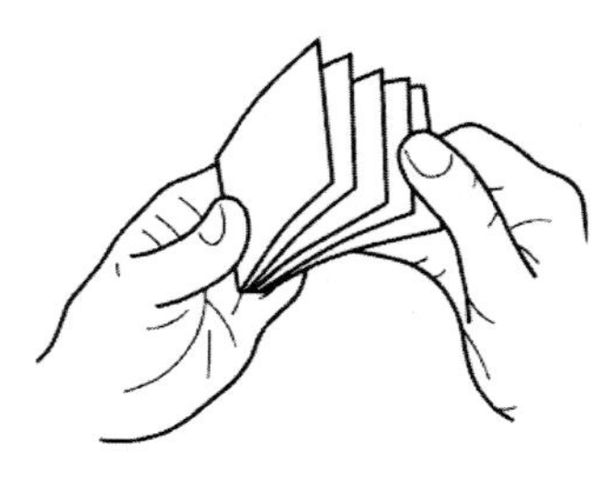

"Das Daumenkino"

Das Buch soll nicht nur bewegen, es bewegt sich auch selbst.
Um mit gutem Beispiel voranzugehen, habe ich mir erlaubt, alle gemäß einer höflichen, japanischer Tradition zu begrüßen, im "Za-rei".

Der zweite Berg 1950-1959

Das zweite Dezennium fiel in die Zeit des Wiederaufbaues und der Neuorientierung. Es war die Zeit des "Das will ich auch haben" in der Nachkriegs-Gesellschaft.

Der Eisblock aus der Fabrik war nicht mehr gefragt, jetzt galt es einen wirklichen Kühlschrank zu besitzen. Das war in allen Bereichen des Lebens so. Nach der Pflichtschule begann ich einen Beruf zu erlernen. Mit ausgezeichneten Erfolg absolvierte ich die Prüfung zum Modelltischler-Gesellen. Ich fand Zugang zum Japanischen Kampfsport. Das dies möglich war, war nicht selbstverständlich. Kurz nachdem ich mit der Lehre begonnen hatte, gelangte ich mit meiner rechten Hand in eine laufende Kreissäge. Nur durch eine 6-stündige Operation konnten meine Finger gerettet werden.

Außerdem musste ich schon als Kind ein eisernes Gerüst gegen meine Wirbelsäulenverkrümmung tragen. Trotzdem begann ich im Alter von 17 Jahren mit dem Kampfsport Judo. Erstmals lernte ich einen Meister aus Japan kennen. Sato war sein Name und ich bewunderte seine exotische Perfektion. Das Feuer war entfacht und sollte bis zum heutigen Tage nicht erlöschen.

Ich gründete sehr früh, vielleicht zu früh, eine Familie. Mit 18 Jahren wurde ich zum erstenmal Vater.

Es kam die Bundesheerzeit, die damals noch neun Monate andauerte. Es war mit Abstand die tristete Zeit in meinem Leben. Alles lief sehr öde ab. Ich war froh, als ich den Wehrdienst endlich hinter mir hatte.

Dann geschah das alles entscheidende Unglück:

Auf einer Lieferfahrt mit dem Fahrrad ging es in einer Gasse leicht bergab. Nichts ahnend wollte ich die nächste Straße überqueren.

Da kam das Auto - vielleicht zu schnell? ich weis es nicht. Jedenfalls erwachte ich aus der Bewusstlosigkeit und sah eine Menge Leute um mich herumstehen und einen meiner Zähne auf der Fahrbahn liegen. Ich wurde nicht getötet; Der Bruchteil einer Sekunde hatte mich davor bewahrt.

1957 - Beginn mit dem Kampfsport Judo

Der dritte Berg 1960-1969

Um das dritte Jahrzehnt zu meistern, kam mir meine bisherige Erfahrung zu Gute. Beruflich schaffte ich 1965 meine Meisterprüfung. Ich trat der Polizeisportvereinigung bei. Weil Mahito Ohgo aus Japan für zwei Jahre von der PSV engagiert wurde, lernte ich das ursprünglichste Judo kennen, das man sich nur vorstellen kann.

Im Kampfsport eilte ich von Sieg zu Sieg. Nach einigen Jahren zog ich einmal Zwischenbilanz: von 200 Kämpfen hatte ich 160 gewonnen, für 24 Kämpfe gab es ein Unentschieden und nur 16 Kämpfe endeten mit einer Niederlage.

Der schwierigste Kampf bleibt bis heute in meiner Erinnerung. Ein Sieg gegen den 105 kg schweren Lettl. Ich wog damals nur 69 kg. Es war eine Sensation, die in die Annalen der PSV einging.

Meine Kenntnisse konnte ich schon bald weitergeben. Zwei Jahre lang trainierte ich eine Judogruppe der Polizei Wien.

Ein Kampf ist mir besonders in Erinnerung: Es war ein Vergleichskampf zwischen den Wiener Meister, Polizei Wien gegen den Tschechoslowakischen Meister Slavia Prag. Nur mit übermenschlicher Anstrengung konnte ich den Kampf gegen den Tschechen Hnat für mich entscheiden. Ein noch nie gekanntes Glücksgefühl überkam mich. All die Anstrengung war wie weggeblasen. Satori... Erleuchtung? Ich fühlte, etwas hat sich nach diesem Ereignis verändert. Wie ich später feststellen konnte, war es auch so.

Ich lernte das traditionelle Shotokan-Karate kennen und durfte es bei dem hochgraduierten Ichikawa Isao, 10. Dan, zwei Jahre lang ausüben.

Und wieder:

Auf einer Heimfahrt aus Ungarn mit dem Polizei-VW-Bus verloren dieser ein Hinterrad. Der Bus schlitterte auf die Gegenfahrbahn. Kein Fahrzeug kam uns entgegen. Wir waren kurze Zeit vorher an der Grenze aufgehalten worden, weil das Getriebeöl ausgelaufen war und das Fahrzeug erst repariert werden musste. Deshalb war auf der Straße nach Mitternacht kein Verkehr mehr.

Kein Unfall! War ich ein Berufener?

Mein Schicksalskampf gegen den Tschechen Hnat am 23.März 1968 im ausverkauften Wiener Sophiensaal.

Der vierte Berg 1970-1979

Das vierte Jahrzehnt begann. Ich gründete einen Judoverein, den ich über 40 Jahre leiten sollte. Er wuchs mit 410 aktiven Mitgliedern zum größten Judoverein Österreichs heran. Eine meiner Schülerinnen brachte es zu beachtlichen Erfolgen.

Diese junge Dame wurde später meine zweite Frau (nach der Trennung von meiner ersten) und ihr ist es zu verdanken, dass ich meiner Bestimmung weiter folgen konnte. Ich bekam Kontakt zu der japanischen Selbstverteidigungskunst Aikido. Der Japaner Juo Iwamoto unterrichtete damals in Wien.

Diese Zeit als Lernender und Lehrender war für meine weitere Entwicklung von großer Bedeutung.

Und wieder einmal; hinfallen und wieder auf stehen:

Auf der späten Heimfahrt nach einer Meisterschaft wäre ich fast mit einer, von einem Traktor gezogenen Sämaschine kollidiert. Weil die Maschine unbeleuchtet war, bemerkte ich sie erst, als es schon zu spät war, den Zusammenstoß abzuwenden.

Ich verriss den Bus, vollgeladen mit Judo-Matten nach links. Im selben Moment kam mir ein vollbesetzter PKW entgegen. Es kam zu einen Frontalzusammenstoß.

Leider waren im entgegenkommenden Fahrzeug vier Schwerverletzte zu beklagen. Doch ich war ich bis auf eine, durch den Druck der schiebenden Judomatten ausgelöste Brustkorbprellung, unverletzt. Ein Wunder?

Asahi - Clubgründung 1970

Der fünfte Berg 1980-1989

Im fünften Dezennium standen große, nationale und internationale Lehrgänge im Vordergrund. Oft im schönen Bergland Österreichs. Ebenso die Organisation von nationalen und internationalen Veranstaltungen.

Zu einer dieser Veranstaltungen lud ich Dr. Wolfgang Schneider ein, der in Wien unter anderem auch Iaido unterrichtete. Ich war beeindruckt und begann kurze Zeit später diese Kunst zu erlernen. Ich erweiterte das Angebot des Vereines um diese japanische Kampfkunst, die einmal wöchentlich geübt wurde. Weitere Kontakte zu Ta-ichi, Qi-gong und vor allem zur Zen-Meditation entstanden.

Vor allem Letzterem widmete ich meine besondere Aufmerksamkeit. Einem katholischen Priester aus Wien, Pfarrer Karl Obermayer, verdanke ich viele neue Erfahrungen auf meinem Weg.

Die Prüfung:

Vom Training fuhr ich eines Tages über eine schmale Landstraße nach Hause. Bei einer Rechtskurve kam mir plötzlich ein Tankwagen mit Anhänger entgegen. Zu meinem Schrecken fuhr der Fahrer so, als wäre die Straße gerade.

Auf der schmalen Straße war ein Zusammenstoß unvermeidlich. Ich gebe es nicht gerne zu, aber ich schloss meine Augen. Als ich diese in der nächsten Sekunde öffnete, war nichts, kein
Crash, kein Tankwagen!

Bereits 1969 schuf ich eine Skulptur aus Lindenholz.

Original Autogramm von Isao Inokuma

Dazu hatte mich ein Bild in einer Zeitschrift animiert.
Das Bild zeigte den späteren Olympiasieger Isao Inokuma, wie er den Argentinier Casella in der Vorrunde der olympischen Spiele 1965 in Tokio mit seinem Spezialwurf *Seoi-otoshi* besiegt. Er wurde mein Vorbild und einmal im Wiener Budocenter, signierte er mir das Bild zu dieser Statue.

Nach seiner Wettkampftätigkeit bemühte er sich im Judo als Berater für die International Judo Federation (IJF) und als Ausbilder an der Tokai University, wo er den zukünftigen Olympiasiege Yasuhiro Yamashita trainierte.

Er verfasste auch einige prominente Bücher und Handbücher im Zusammenhang mit Judo, und trug damit wesentlich zur Entwicklung des Judo bei. 1993 wurde er Geschäftsführer der Firma Tokai-Kensetsu , 2001 beging er den ritualen Selbstmord der Samurai, *Seppuku,* möglicherweise wegen der finanziellen Verluste, die von seiner Firma erlitten wurden. Er wurde nur 63 Jahre alt.

Der sechste Berg 1990-1999

Durch eine Verkettung verschiedener Umstände beschloss ich, Iaido selbst in die Hand zu nehmen. Mit dem Holländer Jan de Haan begann eine neue Ära. Fünf Jahre lang organisierte ich mit ihm Lehrgänge in Österreich.

Unter seiner Leitung absolvierte ich die traditionelle Prüfung *Mokuroku*. Unter anderem bestand diese aus der Durchführung von über 1.500! Kata und dauerte 7 Stunden. Danach trennten sich unsere Wege.

Einige Jahre später begann ich, zwei Jahre lang die traditionsreiche Aikido Tamura-ha zu erlernen, deren ich mich in dieser Zeit, zusätzlich zu meinen anderen Verpflichtungen, widmete. Nobuyoshi Tamura, war ein japanischer Aikido-Lehrer, der über 30 Jahre in Frankreich tätig war, wo ca. 600! Schulen sein Aikido ausüben.

Und wieder wurde ich auf die Probe gestellt: Winter, ich fuhr auf der Stadtautobahn zum Training. Durch einen vorangegangenen Eisregen war die Fahrbahn spiegelglatt. Ich fuhr vorsichtig. Da, plötzlich standen vor mir Fahrzeuge kreuz und quer. Ich sah keine Chance, einen Aufprall zu verhindern. Das Lenkrad versagte seinen Dienst.
Wie von Geisterhand gelenkt, schlitterte ich durch die vor mir befindlichen Hindernisse. Es war ein Wunder, dass ich mich unversehrt auf der anderen Seite wieder fand.

Kein Kratzer, nichts.

Ein Wunder?

Siebenmal hinfallen,
achtmal wieder aufstehen.
"Nan korobi, ya oki".

Japanischer Spruch

Der siebente Berg 2000-2009

Dieser 7. Berg war eine meiner schwierigsten Aufgaben. Nicht mehr der Jüngste, nahm ich die sich ergebende Herausforderung an.

Ich konnte mit dem Weltoberhaupt der Muso Jikiden Eishin Ryu Iai-jutsu, Komei Jyuku-ha - Sekiguchi Takaaki-sensei, Kontakt aufnehmen. Aufgrund meiner Einladung kam Sekiguchi-sensei nach Österreich, um an der 30-Jahr Jubiläums-Gala meines Vereines teilzunehmen und seine traditionelle Schwertkampfkunst uns Österreichern vorzustellen.

Uns blieb wirklich der Mund offen stehen. So eine Perfektion hatten wir noch nicht erlebt. Sekiguchi Komei-sensei, wie er sich in der Kampfkunst nennt, ernannte mich zum Shibucho für Österreich. Die kommenden 10 Jahre mit dem Beschäftigen der traditionellen Schwertkampfkunst Iai-jutsu, vergingen wie im Fluge.

Erstmals lernte ich Japan kennen, zwar unter extremen Bedingungen (Training von 5 Uhr morgens bis 22 Uhr abends), aber durch Exkursionen nach Miyajima, Kyoto, Hasuda und Tokyo wurden die Aufenthalte interessanter und erträglicher. In Europa hielt ich in den letzten Jahren missionarisch in Ländern wie Tschechien, Ungarn, Deutschland, Slowenien und Kroatien Einführungslehrgänge ab.

Inzwischen ist das Schwert mein Lebensinhalt geworden. Hier habe ich die echte Spiritualität gefunden. In der Schwertkampfkunst der Samurai ist der Weg eines Menschen zu finden.

Zitate werden begleitend durch das Buch führen, die wertvolle Anregungen zum Nachdenken bieten. Zum Teil von Weisen wie Lao-Tse, zum Teil von unbekannten Autoren, die aber dadurch nichts an Aussagekräftigkeit verloren haben:

Das Leben liegt weder in der Vergangenheit, noch in der Zukunft, sondern allein in der Gegenwart.

Unser größter Ruhm ist nicht, niemals zu fallen, sondern jedes Mal wieder aufzustehen.

Blick in dich!
In deinem Inneren ist eine Quelle,
die nie versiegt, wenn du nur zu graben verstehst.

In dir muss brennen, was du in anderen entzünden willst.

Schöne Dinge wachsen inmitten von Dornen.

Tausend Jahre zur See, tausend Jahre in den Bergen.
Entsprechung: "ein alter Fuchs sein."

Die Dinge, auf die es im Leben wirklich ankommt, kann man nicht kaufen.

Alles nimmt ein gutes Ende für den, der warten kann.

2. Die Bedürfnisse

Die Maslow'sche Bedürfnispyramide

Im Wesentlichen handelt es sich dabei um eine Bedürfnishierarchie, beruht auf einem vom US-amerikanischen Psychologen Abraham Maslow veröffentlichten Modell, um Motivationen von Menschen zu beschreiben (siehe Bedürfnisse Seite 36).

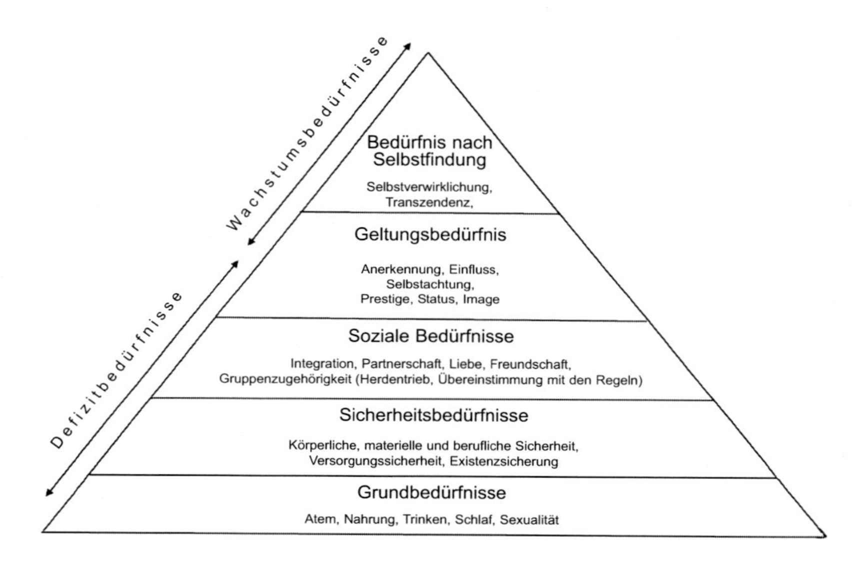

5. Stufe
Bedürfnis nach Selbstfindung

4. Stufe
Geltungsbedürfnis

3. Stufe
Soziale Bedürfnisse

2. Stufe
Sicherheitsbedürfnisse

1. Stufe
Grundbedürfnisse

Motivation

Den Bedürfnissen sei die Motivation vorangestellt, da die Aktivitäten eines Menschen im Wesentlichen von seinen Bedürfnissen und Motivationen geprägt werden. So gibt es neben den Grundbedürfnissen, die durch Triebe realisiert werden, eine Reihe von sozialen Bedürfnissen. Der Antrieb beziehungsweise die psychische Energie zur Befriedigung dieser Bedürfnisse wird vorrangig durch Motivationen hergestellt.

Der Motivationsbegriff bezeichnet essentiell das auf emotionaler beziehungsweise neuronaler Aktivität beruhende Streben nach Zielen, wobei der jeweiligen Motivationstheorie zumeist ein Menschenbild zugrunde liegt, bei der die Frage diskutiert wird, was Motivation überhaupt ist und wie sie sich steigern lässt.

Diese innere Natur ist bis zu einem gewissen Grad "natürlich", wirklich, gegeben und - in einem beschränkten Sinne - unabänderlich oder zumindest unverändert. Diese innere Natur ist an sich nicht böse.

Die Gesellschaft kann diese innere Natur des Menschen leicht unterdrücken, was erhebliche Folgen haben kann. Wenn dieser wichtige Kern der Person verneint wird, dann wird er krank. Deshalb sollte darauf geachtet werden, dass Menschen ihre innere Natur wahrnehmen und leben können.

Zum Glück jedoch können wir den Menschen danach fragen, und es gibt keinen Grund auf der Welt, warum wir es nicht tun sollten, solange wir keine besseren Informationsquellen haben.

Die Bedürfnisse

Ein Bedürfnis ist das Verlangen oder der Wunsch ist, einem empfundenen oder tatsächlichen Mangel Abhilfe zu schaffen. Hervorgehoben sei dabei die Bedürfnispyramide von Abraham Maslow (1908 -1970). Er gilt als der wichtigste Gründervater der Humanistischen Psychologie. Um systematisch mit den Anregungen aus meinen Erfahrungen vorgehen zu können, finde ich die Arbeit von Maslow am geeignetsten.

1. Die Grundbedürfnisse umfassen das elementare Verlangen nach Luft, Essen, Trinken, Schlaf, Sexualität, Kleidung und Behausung

2. Das Sicherheitsbedürfnis drückt sich aus in dem Verlangen nach Schutz vor unvorhersehbaren Ereignissen des Lebens, Unfall, Beraubung, Krankheit, usw.

3. Die sozialen Bedürfnisse umfassen das Streben nach Gemeinschaft, Zusammengehörigkeit und befriedigenden sozialen Beziehungen.

4. Wertschätzungsbedürfnisse spiegeln den Wunsch nach Anerkennung und Achtung wider und beinhalten die Anliegen, nützlich und wichtig zu sein.

5. Als letzte und höchste Klasse werden die Selbstverwirklichungsbedürfnisse genannt. Damit ist das Streben nach Unabhängigkeit und nach Entfaltung der eigenen Persönlichkeit gemeint.

Maslow zeigt zwei Thesen auf, das Defizitprinzip und dem Progressionsprinzip.

Das Defizitprinzip besagt, dass Menschen danach streben, unbefriedigte Bedürfnisse zu befriedigen. Ein befriedigtes Bedürfnis hat keine Motivationskraft.

Das Progressionsprinzip besagt, dass menschliches Verhalten grundsätzlich durch das hierarchisch niedrigste unbefriedigte Bedürfnis motiviert wird.

Der Mensch versucht zunächst, seine Grundbedürfnisse zu befriedigen. Im Motivationsprozess werden deshalb die nächsthöheren Motive aktiviert. Dieser Prozess setzt sich fort bis zum Bedürfnis Selbstverwirklichung, das aber nie endgültig befriedigt werden kann.

Letzteres stellt also einen Bedürfnistypus besonderer Art dar, Maslow nennt solche Motive Wachstumsbedürfnisse im Unterschied zu den Defizitbedürfnissen.

Dieser Lauf der Motiventwicklung wird gestoppt, wenn auf einer der Ebenen keine Befriedigung des Bedürfnisses erfolgt. Das nächsthöhere Bedürfnis wird dann nicht verhaltensbestimmend.

Die Wirtschaft will also die Bedürfnisse des Menschen befriedigen und gleichzeitig dafür sorgen, dass neue Bedürfnisse entstehen.

Die Zielrichtung der Bedürfnisse soll zu tieferem Glück, Gelassenheit und Reichtum führen! Doch der Weg, dorthin über materielle Güter zu kommen, ist mehr als fraglich. Ich hoffe sehr, mein Buch animiert zur Neuorientierung.

Die Beschäftigung mit den höheren Bedürfnissen und ihre Befriedigung hingegen führt zu größerer, stärkerer und wahrerer Individualität. Die höheren Bedürfnisse haben ferner mehr Vorbedingungen. Zunächst sollten dafür die niedrigen Bedürfnisse befriedigt werden. Des Weiteren haben die höheren Bedürfnisse und ihre Befriedigung, gute soziale Folgen.

Werte - Wertvorstellungen

Bereits 1992 veröffentlichte Shalom Schwartz seine Theorie über ein System individueller Werte, das in allen Kulturen zu finden sei. Grundlage seines Systems sind 10 Wertetypen:

1. Selbstbestimmung
2. Anregung, Ansporn
3. Suche nach Glück und Genuss
4. Erfolg, das Erreichte
5. Macht, Kraft
6. Sicherheit, Schutz
7. Gruppenzusammengehörigkeit
8. Tradition
9. Wohlwollen, guter Wille
10. Weltweite Gültigkeit

Hans-Georg Häusel, erstellte ein bekanntes Motivations- und Wertemodell, das auf die Grundmotive Stimulanz, Dominanz und Balance basiert. Die Wertemodelle bieten Werbetreibenden eine gute Ausgangsposition, um Marken zu positionieren, Zielgruppen zu bestimmen und die Kanäle, die Form und den Inhalt von Kommunikation zu bestimmen. Stark vereinfacht finden sich in allen Bedürfnisstudien eine Unterscheidung zwischen Konservativ, Modern und Aufgeschlossen.

Neuromarketing

Noch gibt es keine eindeutige Definition für die junge, sehr trendige Wissenschaft des Neuromarketings, die eine Mischung aus klassischer Psychologie, Ökonomie und Hirnforschung darstellt.

Bekannt wurde sie vor allem durch Versuche, bei denen man mit Hilfe von Kernspintomographie beobachtete, welche Gehirnbereiche beim Darbieten unterschiedlicher Marken wie Pepsi oder Coca Cola aktiviert werden.

Neben dem Messen der Gehirnströme, interessieren sich viele Neuromarketingexperten jedoch auch für die Anatomie des Gehirns, Hormonhaushalte und Botenstoffkonzentration. In dem sie all diese Faktoren verschmelzen, erhoffen sie sich tiefere Einblicke in die Frage, was die Menschen zum Konsumieren treibt.

Fazit

Ja um das geht es letztendlich. Nicht um dem Menschen Zugang zur Gelassenheit, Ausgeglichenheit und Spiritualität zu verschaffen. Sondern um Marketing und Umsatzsteigerung. Das Hauptmotiv der Forschungen ist, evizientere Umsätze zu erreichen. Es geht nicht einmal um kurzfristiges Wohlbefinden durch das Erwerben von propagierten Produkten hervorzurufen, sondern um steigende Verkaufszahlen. Jeder Mitarbeiter im Business-Geschäft wird heutzutage mit Umsatzvorschreibungen konfrontiert.

Wichtig ist nicht, besser zu sein als alle anderen.

Wichtig ist, besser zu sein als du gestern warst!

3. Die Umsetzung

Ich denke, jetzt ist es auch verständlich, wenn ich mich, den Stufen der Pyramide entsprechend, zunächst mit den grundlegenden Bedürfnissen beschäftigen will, bevor ich michden höheren Bedürfnissen zuwende.

Der Weg zum Ziel liegt dabei einer zu empfehlenden Reihenfolge zugrunde:

Überdenken > Umdenken > Ändern

Durch die Beschäftigung mit fernöstlichen Kampfkünsten und Lebensformen hat sich mir ein Tor geöffnet, das mir viele Aspekte einer Lebensumstellung aufgezeigt hat.

Besonders im Iai-jutsu, der traditionellen, alten japanischen Kampfkunst, das echte, scharfe Samuraischwert, das *Katana* zu handhaben, wird ein besonders Prinzip mit vermittelt: *Kaizen*, das Bemühen um ständige Verbesserung.

Es geht nicht um das Kopieren eines empfohlenen Ideals, sondern der Leser soll sich bemühen, sich mit seiner eigenen Denkweise und dem eigenen Verhalten auseinander zu setzen. Ohne Zwang und mit einer entsprechenden Motivation ist es möglich, eine Änderung zu erreichen. Gleich vorweg; streichen Sie die Worte "muss" und "schnell" und "ich habe keine Zeit" aus ihrem Sprachgebrauch. Verwendet stattdessen "ich will" - "ich möchte". Für den Anfang geht auch "ich sollte" oder "ich würde gerne".

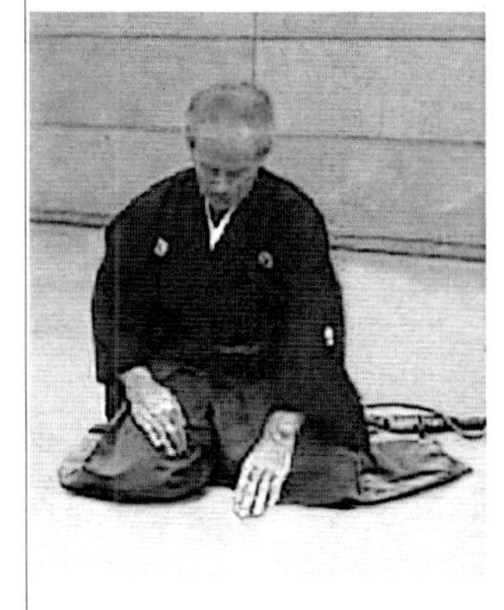

Meine eigenen Erfahrungen, sowohl in irdischer, als auch transzendenter Form sollen nur als Hilfe dienen. Wir haben in unserer Gesell-

schaft durch Generationen verlernt, über die in uns befindlichen Kräfte zu verfügen.
Die ursprüngliche, universelle Energie, die wir mit der Geburt erhalten und die uns ermöglicht, die Schwierigkeiten des Lebens voller Selbstvertrauen zu meistern. Wir haben eine spirituelle Energie zur Verfügung, die es jedem Einzelnen von uns ermöglicht, sein Leben harmonisch, ausgeglichen, ohne Krankheit, Angst und Depressionen zu gestalten. Ein ereichtes Ziel ermöglicht erst das nächste.

Ich ersuche euch alle höflichst um Geduld, Ausdauer und Konsequenz.

Dann los!

Auf dem Weg zur Erkenntnis möchte ich was dem Leben dienlich und den Bedürfnissen förderlich ist, ansprechen:

1. Körperhaltungen

2. Essen und Trinken

3. Sexualität

4. Verhalten

5. Pflicht

6. Atmung

7. Erkenntnis

1. Die Körperhaltungen

1.1. Stehen
1.2. Gehen
1.3. Sitzen
1.4. Liegen - Schlafen

Ich möchte ehrlich zugeben, dass ich mir dieses Kapitel anfangs sehr einfach vorgestellt habe. Allerdings habe ich später festgestellt, dass man es unter Berücksichtigung von aktuellen Forschungsergebnissen wesentlich ernster nehmen sollte.

Schon alleine die Tatsache, das laut Studie (imedia.de) 80% aller Erwachsenen und 73%!! der schulpflichtigen Kinder Rückenprobleme haben, lässt aufhorchen. Als Folgeerscheinungen treten Gelenksbeschwerden und Probleme beim Gehen auf. Ebenso Schlafstörungen.

Seit in Japan nach westlichem Vorbild gesessen wird, ist die Osteoropose, die vor Jahren in Japan fast unbekannt war, sehr stark angestiegen.

Physiologisch betrachtet ist der Mensch ein "Bewegungstier", dem ständiges Sitzen schadet. Vor allem ungünstiges Sitzen. "Couch-Potatoes" sind heute cool und in. (Ein Couch-Potatoe ist eine Person, die einen Großteil ihrer Freizeit auf einem Sofa oder einem Sessel mit fernsehen, Junk Food essen und Bier trinken verbringt).

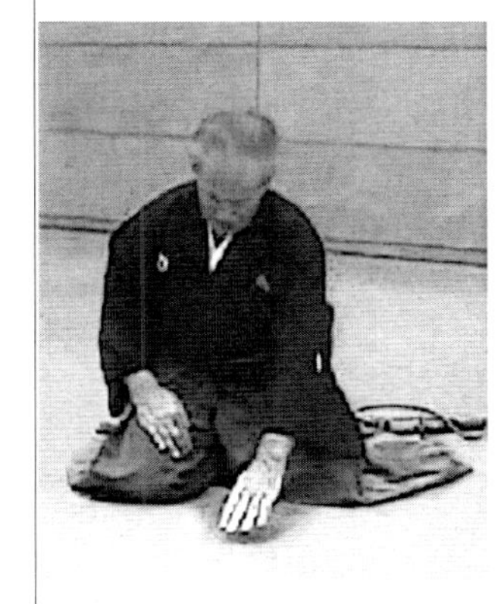

Ich möchte mich nicht in zu vielen Details verlieren. Wichtig sind mir die wesentlichen und einfach umzusetzenden Schritte zum Umdenken. Wie gesagt, kleine Schritte bringen uns bewusster weiter. Arbeiten wir "aus dem Bauch heraus", wie der Volksmund sagt.

1.1. Stehen

Eine aufrechte Körperhaltung, die die Rückenmuskulatur bewusst miteinbezieht, ist der erste Schritt. Damit das *Ki* besser fließen kann. (darauf kommen wir später noch zurück).

Mit einer aufrechten, bewussten Körperhaltung kann man schon einen ganz wesentlichen Beitrag zur eigenen Gesundheit leisten.

Das ist nicht so schwierig. Steht in allen Situationen, am Arbeitsplatz, in einem Verkehrsmittel, in eigenen Heim, aufrecht und mit entsprechender Körperspannung.

1.2. Gehen

Es ist erwiesen, dass bei Naturvölkern kaum Bandscheibenvorfälle, Arthrosen, oder Gelenksentzündungen vorzufinden sind. Sie sind eben "Geher", die weite Strecken auf Naturböden zurücklegen. Wie die "primitiven" Völker ihre Gegenstände auf dem Kopf tragen können, ist bewundernswert. Diese Tatsache nützt uns aber als Stadtmensch wenig.

Wir gehören schon seit Jahrhunderten nicht mehr zu den Naturvölkern oder "Primitiven". Dafür sind wir zu "Sitzern" geworden. Welch ein Fortschritt?

Im Prinzip gilt hier das Gleiche wie beim Stehen. Auch beim Gehen sollte darauf geachtet werden, das man mit Kopf-hoch und Bauch-heraus durchs Leben gehen sollte.

Was sind MUDRAS und was bewirken sie

Was oft nicht beachtet wird: Stehen oder Gehen ist Ganzkörperarbeit. Dazu gehört unter anderem auch die Art, seine Arme und Hände zu bewegen.

Immer, wenn meine Hände "nichts zu tun" haben, halte ich: Daumen auf Zeigefinger.

Mudras sind jahrtausendealte Hand- und Finger-Haltungen, die dem Körper, dem Geist und der Seele gut tun. Unter Mudras versteht man auch Augen und Körperhaltungen. Ich beschränke mich hier aber speziell auf die Hände.

Der Begriff stammt aus dem Indischen. Im Sanskrit, der heiligen Sprache der Hindus bedeudet es so viel wie:

"Siegel, das Freude bringt".

Mudras sind symbolische Handgesten die in Ritualen und Tänzen verwendet werden. Gesten und Handhaltungen mit besonderer Bedeutung findet man auf der ganzen Welt. In Indien jedoch wird den Mudras seit Jahrtausenden besondere Bedeutung für Spiritualität und Gesundheit zugesprochen.

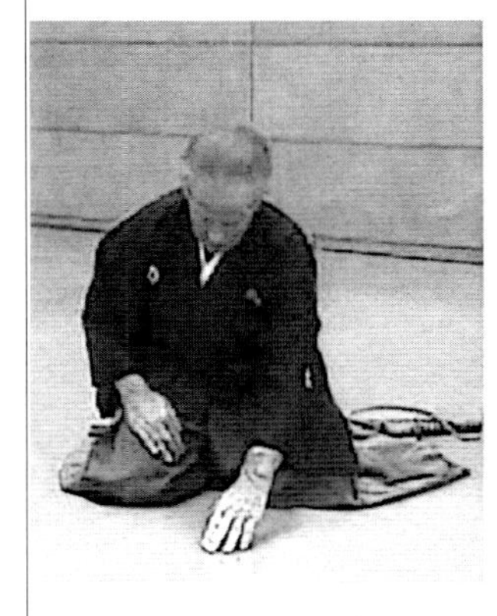

Wenn man im Alltag die eigenen Hände und die der Mitmenschen beobachtet, fällt auf, dass fast jeder Mensch Gesten zur Kommunikation einsetzt. Immer wieder werden unbewusst *Mudras* gebildet.
In der unsicheren Zeit nach dem Krieg habe ich

für mich unbewußt eine Handhaltung entwikkelt, die mir Sicherheit und Schutz vermittelte. Ich hielt die Daumen immer zwischen Zeige- und Mittelfinger. Fünfzig Jahre später bestätigte sich mir die Wirkung dieser "Mudra".

Heute verwende ich die in meiner, traditionsverpflichtenden, japanischen Schwertkampfkunst vorkommende Energie-*Mudra "Jnana"*, auch *"Kubera"*, die mit meiner in den Nachkriegsjahren-Jahren praktizierten Haltung fast ident ist.

Die Mudra ist wie vieles andere in diesem Buch eine traditionsreiche, ganz einfach umsetzbare Methode, die weder Zeit noch Geld kostet und unspektakulär für mehr Energie im Alltag sorgt.

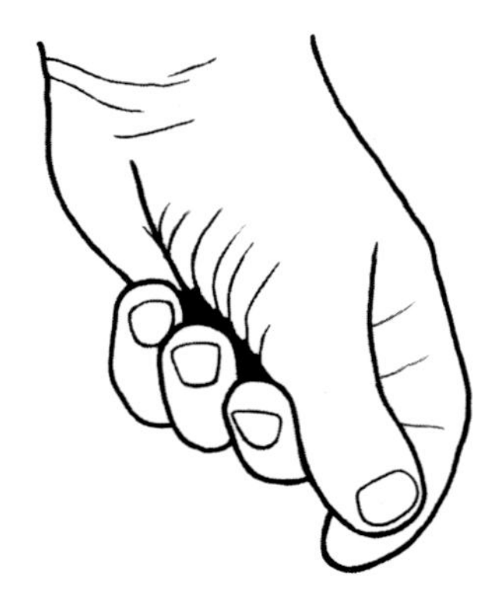

Das Kubera-Mudra

1.3. Sitzen

Sie werden es vielleicht interessant finden, dass ich mich dem Sitzen besonders widme.

Warum wohl?

Weil, wie in den folgenden Seiten angeführt, der *Seiza* für mich in den letzen Jahrzehnten zur effektivsten Sitzform geworden ist. Diese Form des Sitzens ist eng mit dem japanischen *Bushido,* dem Kodex der Samurai verbunden und wurde von dieser Kriegerkaste entwickelt. In dieser Haltung ist der Körper fähig, sich augenblicklich in jede Richtung zu wenden.

Diese Sitzhaltung ist in Japan auch heute noch sehr gebräuchlich. Wir finden diesen Sitz darüber hinaus nicht nur bei den Japanischen Kampfkünsten *Judo, Aikido und Iaido,* sondern auch beim Teeweg *(Chado).*

Gerade das Sitzen in unserer westlichen Hemisphäre zu einem der größten gesundheitlichen Probleme geworden:

Es führt zu Rückenbeschwerden, Bandscheibenvorfälle-, Hexenschuss. Schulter- und Nackenverspannungen.

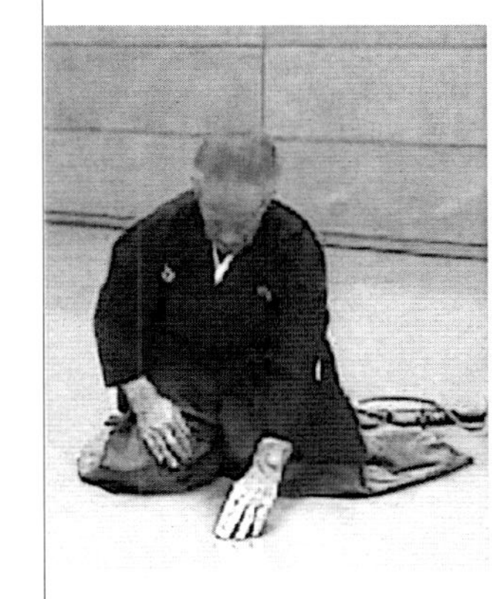

Weiters werden die Organe zusammengedrückt. Das kann zu Verdauungs- und Atemproblemen führen und die Blut- und Sauerstoffzirkulation im Körper stören. Das wiederum kann Kopfschmerzen, Gedächtnis- und Konzentradionsstörungen zur Folge haben.

Was können Sie selbst dagegen tun? Erstens: bewusster Sitzen, aufrecht mit Spannung und

Entspannung der Rückenmuskulatur (bewußt die Muskulatur betätigen).

Zweitens: Ergonomische Arbeitsplatzgestaltung. Viele Büroeinrichtungs Institutionen widmen sich dem Thema. Hier heisst es aber zu prüfen, was wirklich den erhoffen Vorbeugeeffekt bringt.

Und drittens: sich oft bewegen, vielleicht auch experimentieren mit unterschiedlichen Sitzarten. Als Beispiele dazu möchte ich einige Details zur japanischen Sitzkultur nennen.

Alleine schon die Anzahl der japanischen Begriffe macht es deutlich, wie wichtig sich mit diesem Thema dort mit Recht angenommen wird.

1. *Fuzai* (Sitzen am Boden)
2. *Kizai* (Sitzen auf einem Sessel usw.)

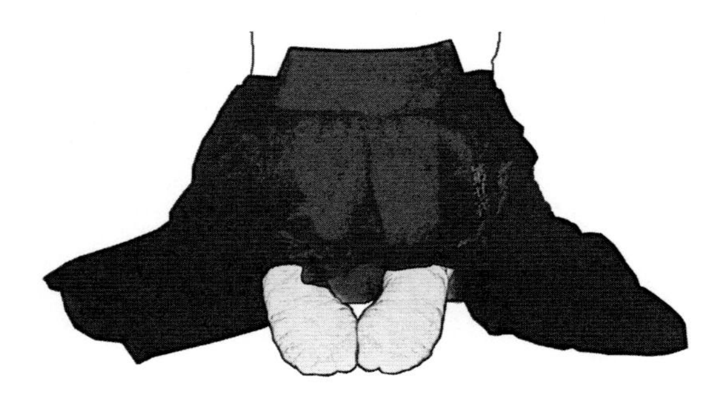

Der japanische Sitzhaltung Seiza, vom aus Rücken gesehen

Fuzai

1. *Kekka Fuza*
   Sitzen mit verschränkten Beinen (voller Lotossitz).

2. *Hanka Fuza*
   Sitzen mit halb verschränkten Beinen (halber Lotossitz).

3. *Shizen Anza (Hanza)*
   Sitzen ohne verschränkte Beine (burmesischer Sitz).

4. *Seiza*
   Kniesitz (Sitz auf den Fersen.)

5. *Kiza*
   Kniesitz (Sitz auf den Fersen, Zehen aufgestellt).

6. *Tatehiza-Suwari*
   Wie *Shizen Anza,* das linke Bein ist aber unter dem Gesäß.

7. Iai-Goshi
   Wie *Seiza,* das rechte oder linke Bein wird aufgestellt.

Diese japanischen Sitzformen genauer unter die Lupe zu nehmen, würde zu weit führen. Im *Iai-jutsu* ist der *Seiza* und der *Tate-hiza* von Bedeutung, denen ich in meinem ersten Buch (siehe Anhang) entsprechend viel Raum gegeben habe.
Wenn man sich entschließt, eine traditionelle, japanische Kampfkunst auszuüben, wird man die entsprechenden Sitzformen praktizieren und wird manches dann ganz automatisch in den Alltag mit hinein nehmen.

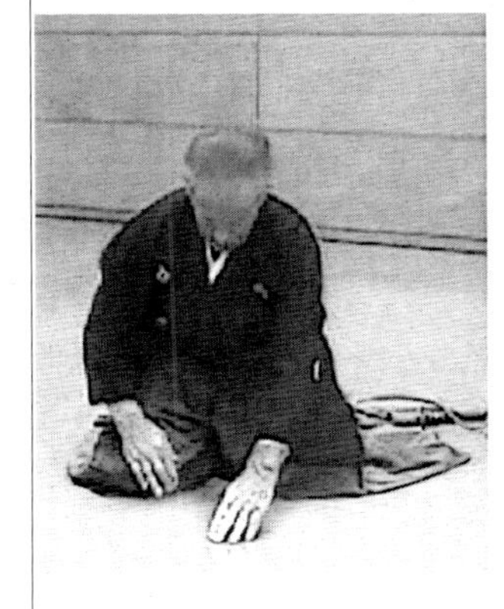

Kizai

Stellt die eher westliche Methode dar. Deshalb gelten hier die bereits weiter vorne behandelten Kriterien.

1.4. Liegen - Schlafen

Aus eigener Erfahrung finde ich das seitliche Liegen auf einer eher härterern Unterlage am empfehlenswertesten.

Japanische Bezeichnungen:

1. *Gyoga*
   Liegen auf dem Rücken.

2. *Ohga*
   Liegen auf der Seite.

3. *Fuga*
   Liegen auf dem Bauch

Japaner liegen und schlafen traditionell auf *Futons*.

Der Begriff *Futon* bezeichnet jegliche Art von Decken. In traditionell japanischen Räumen *(Washitsu)* werden spezielle *Futons* als Schlafunterlage auf die *Tatami* gelegt.

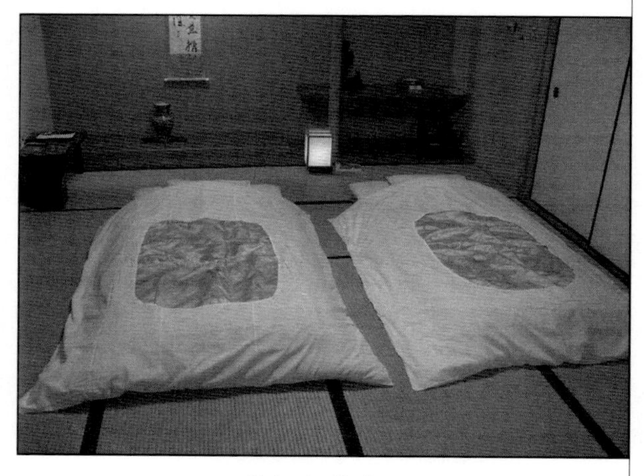

Futon im Ryokan

Um Platz zu sparen wird das gesamte Bettzeug tagsüber in Wandschränken *(Oshiire)* verstaut. Die *Makura* (Polster) in japanischen Unterkünften sind relativ hart. Ein Federkernbett im traditionellen Japan ist sowieso unvorstellbar. Es gibt überhaupt kein Bettgestell, die Futons werden normalerweise direkt auf den Boden gelegt. Während ich in Japan war, habe ich in einem Ryokan (ein traditionell eingerichtetes Hotel) so geschlafen und fand es ausgesprochen erholsam.
Ein Nachteil ergibt sich jedoch im Winter, wenn die kalte Luft direkt über die Schlafstätte zieht.

Die japanische Art des Schlafens hat sich in westlichen Ländern nicht durchgesetzt, obwohl aus Marketinggründen hierzulande manchmal etwas dünnere Matratzen und niedrige Betten als Futons bezeichnet werden. Das ist ein Beispiel dafür, wie von der Wirtschaft versucht wird, fernöstliches Flair vorzutäuschen, um es besser verkaufen zu können. Dabei wird es jedoch vollkommen verändert und umfunktioniert.

In Japan würde man nie Polstermonster, wie sie in unseren Hotels üblich sind, verwenden. Doch die Schlaf- und Sitzkultur beginnt sich immer mehr zu verändern. Japan hat einen nicht mehr reparablen Wandel vollzogen und ist zunehmend westlich eingestellt.

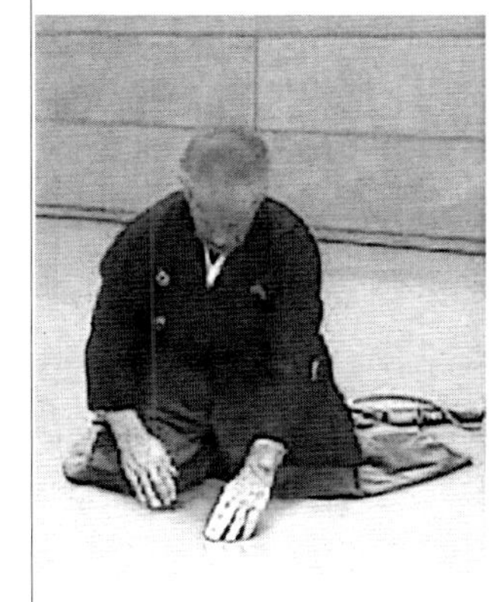

Deshalb nehmen die typisch westlichen Leiden und Beschwerden in Japan im selben Maße zu, wie die Japaner ihre Traditionen aufgeben, ignorieren und sogar verleugnen.

Jammerschade!

Schlafen

Ein bestimmtes Schlafphänomen scheint es in so ausgeprägter Form nur in Japan zu geben:

Inemuri, das Schlafen in der Öffentlichkeit.

Diese ganz besondere Fähigkeit zum Tagesschlaf in der Öffentlichkeit ist in Japan oft zu bemerken: Politiker schlummern im Parlament, Firmenbosse auf wichtigen Sitzungen, Kinder in der Schule, Angestellte in der U-Bahn (was mir natürlich am meisten auffiel).
Ist es ein Zeichen dauernder Erschöpfung der als unermüdlich fleißig bekannten Nation?
Dass Japaner also auf Knopfdruck offenbar überall schlafen können, hat in Japan bereits seit Jahrhunderten Tradition.

Diese bewahrt die Menschen womöglich vor noch mehr Fällen des plötzlichen Todes durch Überarbeitung, *Karoshi*.

Erst Ende 1980 wurden erst die Medien auf dieses Phänomen aufmerksam, nachdem mehrere geschäftsführende Manager im mittleren Alter ohne vorherige Anzeichen einer Erkrankung plötzlich starben.

Als Ursache für die Karoshi-Fälle gilt der rasante wirtschaftliche Aufstieg Japans nach dem Krieg. Sieben Tage pro Woche mehr als zwölf Stunden täglich zu arbeiten, ohne darunter schwer zu leiden, ist eben nicht möglich.

Das Motiv für die Firma sein Leben einzusetzen, zeigt gewisse Parallelitäten mit der japanischen Feudalherrschaft auf, wo der Samurai verpflichtet war, für den Lehensfürsten (Daimyo) zu sterben.

2. Essen und Trinken

Die Essgewohnheiten haben sich in den letzten 50 Jahren sehr verändert. Aufgrund der Tatsache, dass heutzutage oft beide Elternteile Berufe ausüben beziehungsweise einer Beschäftigung nachgehen, wird nur noch selten das Essen zu Hause selbst zubereitet.

Es ist eine lukrative Junk-Food Industrie entstanden, die in großem Ausmaß die heutige Gesellschaft mit Fertiggerichten versorgt, die womöglich gleich vom Fahrzeug aus besorgt werden kann. Das geht rasch und ist kostengünstig!

Convenience-Food im Supermarkt, also Speisen möglichst fertig zu kaufen, ist in. Für die Lebensmittel-Industrie war der Durchbruch von Convenience die größte Umsatzsteigerung, die es jemals in ihrer Geschichte gab.

Kein Mensch wird aber gezwungen, Convenience-Food zu kaufen. Aber der "Zeitgeist" fördert das "Muss" und das "Schnell".

Der Mensch von heute kann oft nicht mehr selbst entscheiden oder feststellen, was die Nahrung enthalten soll und welchen Nährwert diese hat.

Die kleinen Nahversorgungsgeschäfte "die Greisler" wurden ganz von den Supermärkten verdrängt. Diese Supermarktketten schließen sich immer mehr zusammen und diktieren den Zulieferern die Preise, so das die Qualität der Quantität weichen muss.

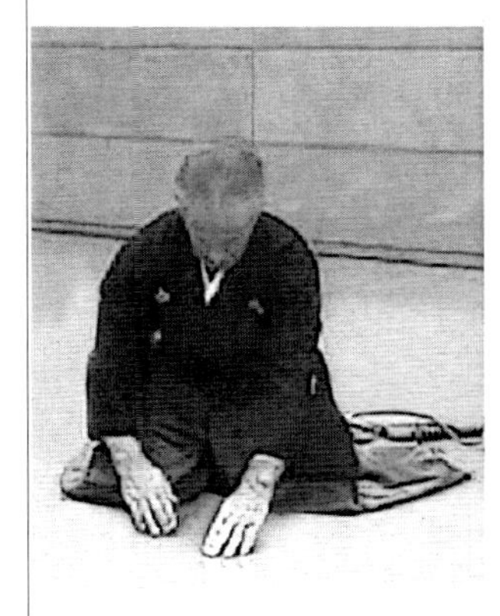

Es ist sehr schwierig, dieser Diktatur zu entfliehen. Aber trotz allem können kleine Umstellungen, große Wirkung haben. Ich möchte auf keinen Fall als Ernährungsexperte auftreten, aber kleine Tipps können nicht schaden.

1. Reduzieren Sie den Milchkonsum.
   Jahrzehnte lang litt ich unter Migräne.
   Seit ich vor einigen Jahren den Milchkonsum einstellte, verschwanden die Migräneanfälle wie von Zauberhand.

2. Bewusster Einkaufen im Supermarkt.
   Nicht nur der Preis ist heiß. Aber keine Hysterie aufkommen lassen. Nur durch Ruhe macht das Kontrollieren und Auswählen beim Einkauf trotzdem Spaß.

3. Mehr die Bio-Szene beobachten.
   Die führt im Supermarkt ein eher bescheidenes Dasein. Dabei auf spezielle Produkte achten, die gut für die Gesundheit und das Wohlbefinden sind:
   Reis, Algen, Tamari Soya und Umeboshi!

4. Die vorschriftsmäßig angegebenen Inhaltsstoffe und E-Zusätze beachten oder vermeiden. Trotz sehr klein Gedrucktem nicht mit der Lupe in den Supermarkt!

5. Tiefgekühlte Produkte nicht auftauen und später wieder einfrieren (steht meist klein gedruckt auf den Packungen). Nach dem Auftauen vermehren sich die Keime weiter. Friert man solche Produkte noch mals ein, kann sich die Keimzahl stark erhöht haben.
   Natürlich spricht nichts dagegen, frisch zubereitete Speisen einzufrieren.

6. Süße Getränke reduzieren. Besser ist einfaches Mineralwasser. Wird heutzutage mit Geschmackszusätzen angeboten. Vorsicht!

7. Meersalz und Rohrzucker bevorzugen und reduziert verwenden. Zuviel schadet!

Die E-Zusätze

Hinter diesem Begriff verbergen sich die Zusatzstoffe für Lebensmittel nach den europäischen Vorschriften. Sie sind in normaler Verwendung für den menschlichen Organismus nicht toxisch.

Allergische Reaktionen sind aber möglich. Patienten, die unter Allergien leiden sollten sich immer die Zusatzstoffliste bei den fertig verpackten Lebensmitteln betrachten. Bei Aromen, alkoholischen Getränken mit mehr als 1,2 % Alkoholanteil, Honig, Kaffee-Extrakten, Kakaoprodukten und Zucker müssen die Zusatzstoffe nicht angezeigt werden.

Die Zusatzstoffe werden unterteilt in:

E100 - E180 Farbstoffe
E200 - E252 Konservierungsstoffe
E260 - E297 Säuerungsmittel
E300 - E385 Antioxidanten
E400 - E422 Verdickungs-, Gelier-, und Feuchthaltemittel
E432 - E450 Emulgatoren
E500 - E585 verschiedene Zusatzstoffe
E620 - E1518 Geschmacksverstärker, Süssstoffe

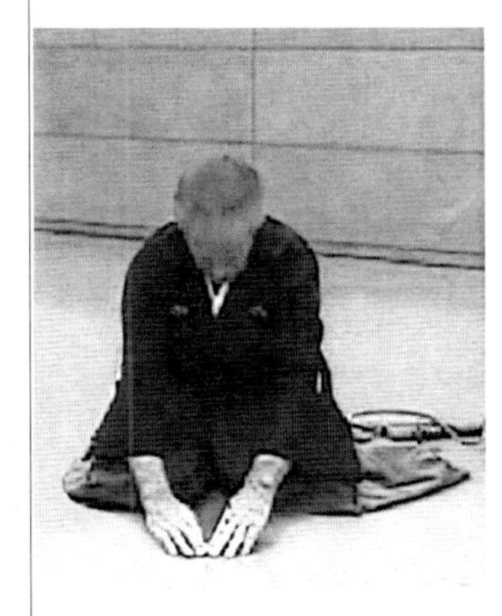

Zur Zeit sind 1.518 Zusatzstoffe von der EU zugelassen !!

Dazu noch eine kleine Geschichte

Hara Hachi Bu

Auf der japanischen Insel Okinawa leben ungewöhnlich viele Hundertjährige. Die Lebenserwartung auf Okinawa ist höher als irgendwo sonst auf der Welt.
Auch der Gesunheitszustand der Senioren ist ungewöhnlich gut. Ihre Arterien sind physiologisch jung geblieben, ohne Spur von Verkalkung. Herz-Kreislauf-Erkrankungen oder Diabetes und selbst Krebs scheinen einen großen Bogen um die Hundertjährigen von Okinawa zu machen. Sehr schnell zeigte sich, dass die Langlebigkeit der Okinawa-Bewohner zu einem Teil auf ihrer Lebensweise beruht. Denn in Bezug auf Ernährung verhalten sich die Hundertjährigen geradezu mustergültig - und dies vollkommen unbewusst. Sie folgen einfach nur ihrer Tradition. Die typisch japanische Küche mit wenig Fleisch, viel frischem Gemüse, Soja und Fisch macht ihre Ernährung quasi von selbst fett- und kalorienarm, dafür aber reich an Anti-Oxidantien. Und dann gibt es da noch das "Hara Hachi Bu": Den klugen Brauch, nur so viel zu essen, bis man sich zu 80 Prozent satt fühlt. Als Folge sind Übergewicht und Fettleibigkeit auf Okinawa so gut wie unbekannt - zumindest unter den Japanern, die noch den alten Traditionen folgen.
Viele betreiben Kampfsportarten - Okinawa ist die Heimat des Karate. Doch die Formel des langen Lebens ist auch mit solchen Faktoren noch nicht komplett. "Yuimaru" gehört unbedingt noch dazu. Kreis oder Verbindung bedeutet das, oder so etwas wie "enges soziales Geflecht". Noch gebraucht werden, nützlich sein, dazugehören, so erklären es die Alten.

3. Sexualität

Vom ersten Kuss bis zur reifen Liebe. Sexualität begleitet uns das ganze Leben.

Sie gilt als die schönste Nebensache der Welt. Im Gegensatz zur Tierwelt ist die Sexualität beim Menschen kein reines Instinktverhalten, aber sicherlich eines der Grundbedürfnisse des Menschen.

Ohne diesem Bedürfnis wären wir schon längst ausgestorben. Die Sexualität von uns Menschen beeinflusst unsere Psyche, die persönliche Entwicklung, das Zusammenleben und unseren gesamten Lebensbereich.

Durch die Erotik erhebt sich der Mensch über das Tier und bestätigt ihm damit, das höchstentwickelte Lebewesen auf dieser Welt zu sein.

Unter Erotik versteht man die sinnlich-geistige Zuneigung, die eine Person einer anderen entgegenbringt. Jedes Zeitalter und jeder Kulturkreis hatte und hat seine eigene Vorstellungen und seine eigenen Ansichten von Sexualität und Erotik.

Auch deren Tabus und Vorschriften beeinflussten oft in sehr einschränkender Art und Weise die Natürlichkeit des Bedürfnisses nach Sexualität.

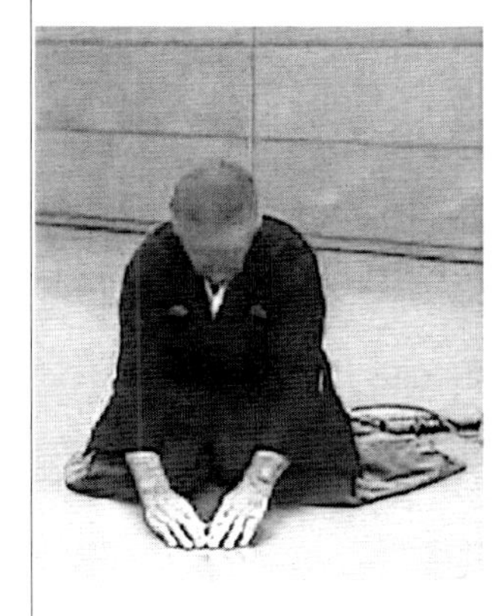

Von den jeweiligen Religionen ganz zu schweigen, die durch Jahrhunderte die Menschheit mit Glaubensvorschriften verunsichert.

Liebe und Sexualität ist die älteste Sache der Welt und macht immer wieder durch Probleme auf sich aufmerksam. Ein harmonisches Sexualleben ist in Paarbeziehungen der Grundstein für ein glückliches Miteinander und fördert das seelische Wohlbefinden.

Wer neu anfangen will,
soll es sofort tun,
denn eine überwundene Schwierigkeit
vermeidet hundert neue.

Nur was man gleich macht,
ist gleich gemacht.

4. Verhalten

Wie sich die Menschen auf Okinawa aufgrund von Tradition gesund erhalten, ist bewundernswert. Es klingt sehr einfach und ist zugleich ein wunderbares Beispiel für das, was ich mit "Verhalten" meine.

4.1. Tradition, Sitten und Gebräuche
4.2. Etikette, Umgangsformen
4.3. Regeln, Rituale

4.1. Tradition - Sitten und Gebräuche

In diesem Zusammenhang werden Verhaltensweisen einer Gruppe verstanden. Parallel dazu hat die Tradition eine identitätsstiftende Funktion, die durch spezifische Verhaltensmuster und eigene Gesetzlichkeiten bekundet wird.

Tradition hat folglich zwei Seiten: Manche der darin enthaltenen Sitten und Gebräuche sind wertvoll. Andere wieder dominieren und schränken Menschen ein.

Jedes Land hat seine, seit langer Zeit bestehenden Traditionen, die nicht leichtfertig durch fremde Traditionen ersetzt werden sollten.

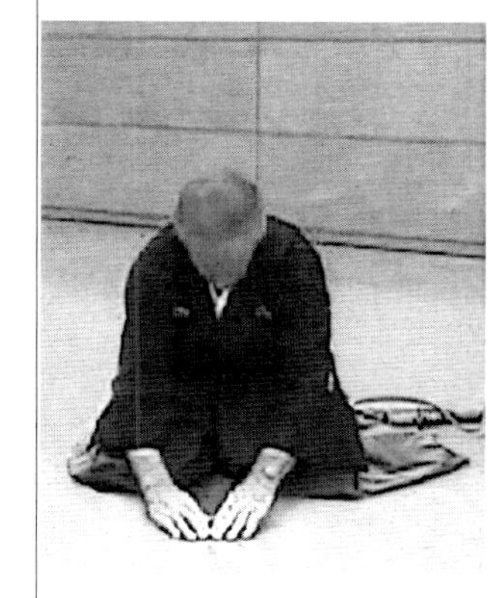

Tradition bezeichnet die Weitergabe des kulturellen Erbes, Glaubensvorstellungen oder das Weitergegebene selbst, Gepflogenheiten, Konventionen, Bräuche oder Sitten. Tradition geschieht innerhalb einer Gruppe oder zwischen Generationen und kann mündlich oder schriftlich über Erziehung, Vorbild oder spielerisches Nachahmen erfolgen.
Unter Tradition wird die Überlieferung der

Gesamtheit des Wissens, der Fähigkeiten sowie der Sitten und Gebräuche einer Kultur oder einer Gruppe verstanden. In dieser Hinsicht ist Tradition das kulturelle Erbe, das von einer Generation zur nächsten weitergegeben wird. Wissenschaftliches Wissen und handwerkliches Können gehören ebenso dazu, wie Rituale, künstlerische Gestaltungsauffassungen, moralische Regeln der Esskultur.

Mit dem Nichtbeachten der Tradition im täglichem Leben verlieren wir die wertvollen Erfahrungen vergangener Generationen.

Für mich bedeutet es eine große Verpflichtung, in der japanischen Schwertkunst die Tradition hochzuhalten und notfalls autodidaktisch wieder zu finden.

Ojigi, das Grüßen im Stehen
auch Ritsu-Rei oder Tachi-rei

4.2. **Etikette** - Umgangsformen

Die Etikette ist ein Verhaltensregelwerk, das sich aus den Traditionen entwickelt hat. Sie bewirkt ein die Höflichkeit förderndes Verhalten und gibt vielen gesellschaftlichen Ereignissen einen respektvollen Rahmen.

In den spirituell durchdrungenen Kampfkünsten benützt man die Regeln der Etikette auch für sich selbst. Man grüßt das an der *Kamiza* angebrachte *Makimono* (Rollbild), auch wenn man alleine den *Dojo (Übungsraum)* betritt. Ehrlich zu sich selbst.

Umgangsformen

Umgangsformen sind Formen und Normen zwischenmenschlicher Beziehungen. Eine Gesellschaft bewertet bestimmte Umgangsformen als schlecht (derb, roh, ungehobelt, unhöflich, ungesittet, feige) oder gut (gut erzogen, höflich, kultiviert, edel, tapfer).

Umgangsformen fungieren auch als Zeichen der Zugehörigkeit zu einer sozialen Gruppe innerhalb einer Gesellschaft.

Zu den global gültigen Umgangsformen zählt das Grüßen beim Kommen und Gehen. Während in Mitteleuropa meist kurze Grüße bevorzugt werden, begrüßt und verabschiedet man sich im Süden, im Osten und im Orient körperbetonter.

Im Übrigen steht man zumindest in Mitteleuropa gewöhnlich auf, wenn eine Person einem die Hand schüttelt.

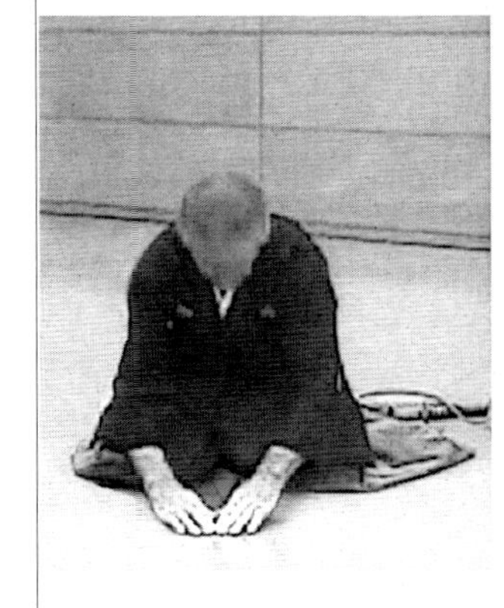

Was die Körpersprache beim Grüßen betrifft, ist derzeit ein gewisser Wandel im Gange. Vor relativ kurzer Zeit betrachtete man in Mitteleuropa eine Umarmung oder einen Begrüßungskuss als Privileg unter Russen oder Franzosen. In Jugendkreisen ist es inzwischen teilweise üblich; es täuscht eine Vertrautheit vor, die oft nicht oder noch nicht vorhanden ist.

Die Kleidung betreffend, haben sich die Gebräuche in den letzten zwanzig Jahren stark gelockert. Alles, quer durch die Kleidungsformen anderer Länder, wird heutzutage getragen.

Verordnete Kleiderordnungen existieren in den meisten Lebensbereichen nicht mehr .
Zu gesellschaftlichen Anlässen erwartet man sich zwar eine angemessene Bekleidung, die aber eher auf freiwilliger Basis beruht.

Im Berufsleben wird noch genauestens auf die korrekte äußere Erscheinungsform geachtet. Dazu gehören Geschäftskleidung bei Bankangestellten und hygienisch einwandfreie Kleidung bei Ärzten und Pflegepersonal oder alle Uniformen. Andere Regeln sind "ungeschriebene Gesetze", wie zum Beispiel die Erwartungshaltung, auf der Straße nicht mit Badebekleidung zu flanieren. Man kann heutzutage gut feststellen, dass die "Sonntagskleidung" aus unserem Kulturkreis verschwunden ist.

Auch bei Theater- oder Konzertveranstaltungen sieht man die Besucher in fast allen zur Zeit gerade in Mode befindlichen Outfits.

Zum Vergleich einige japanische Umgangsformen:

Japaner kommen zur Arbeit und zu sonstigen Verabredungen nicht zu spät.

In Japan sollte man darauf achten, dass man bei der Arbeit nicht zu viel Schmuck und nicht zu bunte Kleidung trägt.

Außerdem sollte die Kleidung in gutem Zustand und in den Socken keine Löcher sein.

Man verlässt den Raum immer nach dem Arbeitgeber!

In Japan ist es wichtig, bei einem Besuch Geschenke mitzubringen. Bringt man dem Gastgeber aber ein teures Geschenk mit, so erhält man von ihm beim nächsten Treffen ein noch teureres.
Es ist höflich, den Wert seines Geschenkes kleiner erscheinen zu lassen, als er ist.

Außerdem gilt es als höflich, wenn man die Schuhe seiner Gäste umdreht, so dass es leichter ist, sie wieder anzuziehen.

In einem Gespräch mit einem Japaner sollte man übertriebenen Körper- oder Augenkontakt vermeiden.

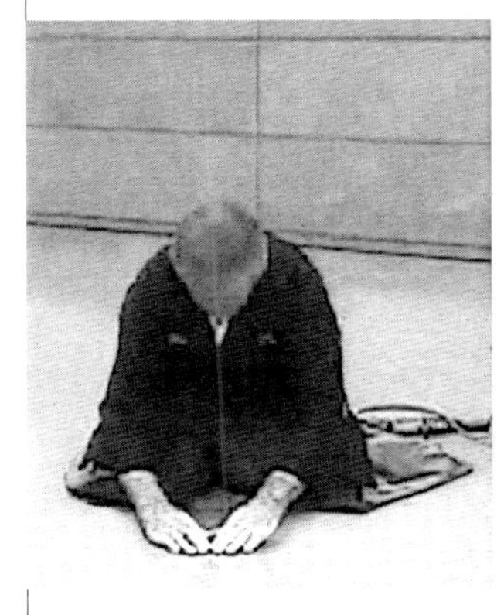

In Japan gibt es keine Regel wie "Ladies first."
Es ist höflich, hinter Namen "*san*" zu sagen.
Bei jungen Damen sagt man "*chan*", bei jungen Herren "*kun*", aber stelle solche Endungen nie hinter deinen eigenen Namen.

Rufen Sie in Japan nie jemanden, wenn er Ihnen zuhören soll. Stehen Sie lieber auf und gehen Sie zu ihm wenn Sie eine Unterhaltung wollen.

Zum Naseputzen verlässt man in Japan den Raum.

In Japan gilt es als höflich, die Hilfe, die einem angeboten wird, abzulehnen.

Japaner werden Ihre Hilfe aus Höflichkeit immer ablehnen, auch wenn sie sie wirklich brauchen könnten.

Japaner dürfen nicht essen oder trinken, wenn sie die Straße lang gehen.

Außerdem dürfen sie beim Arbeiten oder in anderen formellem Situationen keinen Kaugummi kauen.

Man lässt in Japan im Restaurant nichts übrig und nimmt sich keinen Zucker oder Sonstiges mit.

Außerdem ist es unüblich Trinkgeld zu geben.

Auf den Reis gibt man keine Soße und in den Tee keinen Zucker.

In Japan wird am Boden sitzend an einem sehr niedrigen Tisch gegessen.

Die formelle Art zu Sitzen ist für beide Geschlechter das Knien, wobei man auf den Fersen sitzt.

Der wichtigste Gast solte auf dem Ehrenplatz sitzen.
Dieser ist am weitesten vom Eingang entfernt.
Der Gastgeber oder der sozial schwächste sollte neben dem Eingang sitzen.

Japaner zeigen auf ihre Nase wenn sie fragen: "Wer, ich?"

In Japan zeigt man ein "Nein", indem man seine Hand vor seinem Gesicht ein paar mal hin- und her bewegt.

Die "Hauspantoffeln" darf man in Japan nicht im Flur und draußen, sondern nur im Wohnbereich benutzen.

Die "Toilettenpantoffeln" dürfen außerhalb der Toilette nicht getragen werden.

Wenn Besucher kommen, gibt man ihnen in Japan ein Handtuch *Tenugui,* damit sie ihre Hände waschen können.

4.3 **Regeln -** Rituale

Wir alle sollten damit umgehen können, dass wir täglich mit einer Vielfalt an Eindrücken und Informationen konfrontiert werden. Sie bringen uns eigentlich mehr an Belastungen. TV, PC, Internet und Handy.
Mehr Fluch als Segen?

Regeln, traditionell oder neu, können helfen, etwas Ruhe in unserer hektischen Zeit zu finden. Ordnung darf meiner Meinung nicht übertrieben verstanden werden, sonst kippt man in eines der extremen Gegenteile von Ordnung: Chaos und Zwang.

Das japanische Leben läuft seit ewigen Zeiten nach Regeln ab. Und das Volk hält sich auch heute noch, mit großer Disziplin daran. In vielen Verkehrsmitteln ist es nicht erlaubt, das Handy einzuschalten. Und 99,9% der Japaner halten sich daran.

Ein Beispiel für uns: das Handyverbot in der U-Bahn in Tokio. Japan gilt im Bereich der Mobilkommunikation ja schon lange als das Vorreiterland schlechthin, die japanischen Schulmädchen haben SMS großgemacht. Als ich 2003 in Japan war, habe ich mich wie in einer virtuellen Welt gefühlt. Jede, aber wirklich jede Person telefonierte oder benützte das Handy. Drei, vier Jahre später revolutionierte auch bei uns das Handy den Alltag.

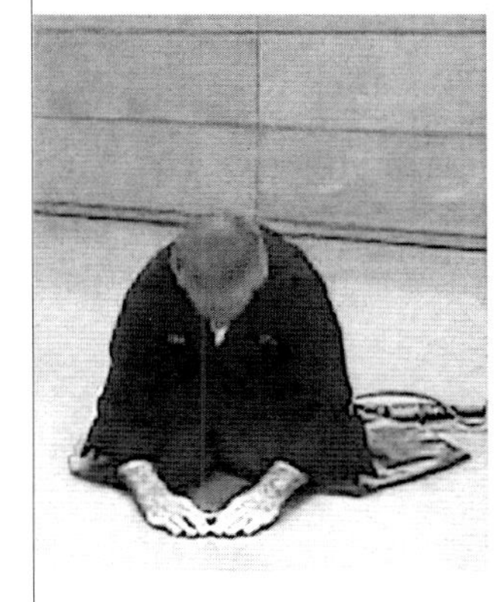

Zum aktuellen Umgang im Handygebrauch in Tokioter U-Bahnen:

Das bimmelnde und ringtönende Orchester

des mobilen Schreckens wird in seine Schranken gewiesen, die U-Bahnfahrgäste sind angehalten, ihr Handy lautlos zu schalten und vom telefonieren Abstand zu nehmen.

Immerhin: das Schreiben von Textnachrichten (SMS oder wohl eher Emails) bleibt gestattet.

Ein anderes Schild zeigt, dass das Handyverbot auch für den Priority Seat gilt.

Die japanischen Züge verfügen über eine sehr sinnvolle Einrichtung: Priority Seats. Für werdende Mütter, ältere Personen und Menschen mit einer körperlichen Behinderung oder mit einem Herzschrittmacher. Wir haben auch solche Einrichtungen, aber niemand wird deshalb sein Handy abschalten!

Rituale

Ein Ritual ist eine nach vorgegebenen Regeln ablaufende, meist formelle und oft feierlich-festliche Handlung mit hohem Symbolgehalt. Rituale geben unserem Leben nicht nur eine ordnende Struktur, Sicherheit und Geborgenheit, sie helfen uns auch Überlastungen abzubauen, Krisen besser zu bewältigen und im Alltag Ruhe zu finden.

Durch den festgelegten Ablauf und die regelmäßige Wiederholung sind uns viele gute Gewohnheiten im Laufe der Zeit sehr vertraut geworden. Alles, was vertraut ist, gibt dem Menschen Sicherheit. Wenn wir uns sicher fühlen, haben wir weniger Angst und sind gelassener.

Viele Tätigkeiten am Tag laufen meistens nach dem gleichen Schema ab (aufstehen, frühstükken, zur Arbeit oder Schule gehen) und werden täglich etwa zur gleichen Zeit wiederholt. Durch diese Regelmäßigkeit geben wir dem Tag eine gewisse Ordnung, dem Leben einen bestimmten Rhythmus. Wer längere Zeit nur planlos und ohne Struktur in den Tag hinein lebt, empfindet bald eine große Sinnlosigkeit und Leere, die sich auf das Wohlbefinden und die Gesundheit auswirken wird.

Wichtige Stationen im Leben des Menschen (Geburtstage, Schuleintritt, bestandene Prüfungen, Hochzeit, Jubiläen) sowie bedeutende Feste im Jahreskreis (Ostern, Weihnachten, Silvester) feiern wir mit Ritualen. Dabei genießen wir schon die Vorfreude auf das Fest und die Feier selbst, mit Menschen, die uns vertraut sind. Hier erleben wir ein wohliges Gefühl von Geborgenheit und Zugehörigkeit.

Auch eine glückliche Paarbeziehung lebt von Ritualen, die Paare miteinander pflegen sollten. Angefangen vom "Gutem-Morgen-Küsschen", ein paar liebe Worte sagen, bis zum regelmäßigen Abend zu zweit (ohne Kinder) in einem gemütlichen Restaurant oder im Kino.

Dabei geben sich die Partner gegenseitig Geborgenheit, Sicherheit und zeigen dem anderen, wie wichtig er für ihn ist. Besonders bedeutend und hilfreich für eine gute Partnerschaft sind die regelmäßigen gemeinsamen Gespräche, die im Alltag oft zu kurz kommen. Auch hier können Rituale helfen, indem man zum Beispiel einen bestimmten Abend in der Woche mit dem Partner verbringt.

Rituale gliedern den Tag und die Woche in überschaubare Einheiten, so dass wir mit mehr

Ruhe und Gelassenheit den vielfältigen Anforderungen des Alltag entgegensehen können. Auf diese Weise helfen uns Rituale auch, Überbelastungen zu bewältigen.

Rituale helfen uns auch in schwierigen Lebenssituationen. Zum Beispiel gibt es hilfreiche Rituale beim Verlust eines Menschen zur Trauerbewältigung oder für andere schwere Zeiten des Lebens. Den Halt und die Geborgenheit, die wir dabei erfahren, helfen uns, Krisenzeiten besser zu überstehen. Hierbei kann man mit Phantasie auch ganz persönliche Rituale entwickeln, die einem gut tun.

Insbesondere die "kleinen" Rituale im Alltag, wie der Kaffee nach dem Mittagessen, der Mittagsschlaf oder der Spaziergang in der Arbeitspause erleichtern und bereichern unser Leben. In dieser Zeit gestalten wir unser Leben selbst und lassen uns nicht von den Erwartungen anderer oder von Terminen bestimmen.

Für mich sind die Rituale in den japanischen Kampfkünsten eine große Hilfe, um in den meditativen Bereich zu gelangen. Ich bin nicht unbedingt ein Japan-Enthusiast, aber zum Verständnis:

Mein Zen-Meister, Pfarrer Karl Obermayer, wurde einmal in einer TV-Dokumentation gefragt, wieso er als katholischer Priester, buddhistisches ZEN unterrichte.

Die Antwort war, dass er im Westen nichts Gleichwertiges gefunden habe.

5. Pflicht

5.1. Pflichtbewusstsein
5.2. Verpflichtung
5.3. Gewissenhaftigkeit

Die Pflicht bedeutet das Handeln, dem man sich auf Grund bestimmter Normen oder Vorschriften nicht entziehen kann. Seine Pflicht gegenüber jemandem oder der Gesellschaft erfüllen.

Pflicht ist ein wichtiger Begriff in allen japanischen Kampfkünsten und auch für mich persönlich. Es bedeutet ein Handeln, dem man sich aufgrund bestimmter Normen oder Vorschriften nicht entziehen kann und will. Pflicht soll nicht belasten, sondern befreien.

"Wird man gebraucht, erfüllt man seine Pflicht. Wird man nicht mehr gebraucht, so zieht man sich zurück." - Konfuzius

5.1. Pflichtbewusstsein

Pflichtbewusste Menschen handeln wohlüberlegt, sind gut organisiert, zuverlässig und verantwortungsbewusst. Denn die Fähigkeit, sich exklusiv und vor allem längerfristig auf einen Partner einzulassen, geht in der Regel mit einem gewissen Maß an Zuverlässigkeit und Verantwortungsgefühl einher.

"Ich schlief und träumte, das Leben wäre Freude. Ich erwachte und sah das Leben war Pflicht. ich handelte und siehe, die Pflicht war Freude."

5.2. Verpflichtung

Eine Unzahl an Begriffen, die die Gesellschaft heute verwendet, sorgen für Verwirrtheit. Einige davon:

Garantie, Gewährleistung, Haftbarkeit, Verantwortlichkeit, Verantwortung, Engagement, Aufgabe, Funktion, Gebot, Muss, Notwendigkeit, Pflicht, Tätigkeit, Zwang, Schulden, Schuld, Verbindlichkeiten.

Einfach gesagt bedeutet Verpflichtung eine mehr oder weniger große Belastung, die zu erledigen ist.

5.3. Gewissenhaftigkeit

Auch hier sorgt unsere Gesellschaft für Wortverwirrung:

Ausführlichkeit, Korrektheit, Präzision, Sorgsamkeit, Sorgfalt, Ordnung, Exaktheit, Genauigkeit, Zuverlässigkeit, Prägnanz, Gründlichkeit.

Die vielen Begriffe lassen sich ebenfalls reduzieren. Etwas genauestens erledigen oder anfertigen. Ich bin überzeugt, man kann Gewissenhaftigkeit erlernen. Bei meinem Unterricht in der traditionellen Schwertkunst lernen meine *Deshi* (Studenten) Gewissenhaftigkeit in Höchstform. Durch die effektive, traditionelle Form der Übermittlung sind Erfolge schon nach kurzer Zeit feststellbar.

Es ist möglich!

Die japanische Verpflichtung (*Giri*)

Wörtlich übersetzt heißt Giri "der richtige Grund". Im Prinzip handelt es sich bei Giri um eine moralische Verpflichtung. Damit ist genau vorgeschrieben, wie man sich einer anderen Person, gegenüber man diese Verpflichtung hat, benehmen soll.

Ein durchsetzbares Recht auf Erfüllung der Pflicht besteht seitens des Empfängers nicht. Allerdings ist der Verpflichtete im Falle, dass er nicht freiwillig seine Giri-Pflicht erfüllt, sozial ernsthaft entehrt. Der Japaner bleibt dabei bemüht, die Erfüllung der Pflicht als Ausdruck von Sympathie zu empfinden und zu zelebrieren.

Nach Erfüllung der Giri-Pflicht ist der Empfänger wiederum zu einer Gegenleistung verpflichtet, es entsteht also eine Art Beziehung, die auf gegenseitiger Giri-Verpflichtung basiert und damit fortgesetzt bzw. unbegrenzt wird. Solche Beziehungen sind hierarchischen Strukturen ausgerichtet und haben eine nicht unerhebliche emotionale Qualität.

Die Regeln werden weniger durch ein staatliches oder öffentliches Sanktionssystem durchgesetzt, sondern Gefühle der Ehre, Scham und Furcht vor Gesichtsverlust sorgen für die Einhaltung der Giri-Pflichten.

Giri bildet somit ein Basissystem von Vertrauen und Begleichung einer Schuld. Daher endet die Beziehung auch nicht, wenn die Gegenleistung im Vergleich zur Erstleistung wertmäßig durchaus adäquat gewesen ist. Eine neuere Sitte, die auf dem Giri-System beruht, ist der

White Day, der am 14. März jeden Jahres in Japan stattfindet und an dem überwiegend weiße Süßwaren verschenkt werden. Neben dem eigenen Partner werden Klassenkameraden, Mitarbeiter oder Kollegen beschenkt.

Das Japanische Schriftzeichen für Giri

In Japan ist Giri nach unserer Denkweise doch sehr übertrieben. Giri verfolgt einen Japaner oft das ganze Leben. Für einen Nichtjapaner ist es nicht nachvollziehbar.

1974 entstand ein sehenswerter Film mit Robert Mitchum: *"Yakuza"*

Der schwärzeste und bisher wohl beste Japan-Thriller, der dem Leser eine fremde Kultur näher bringt. Mitchum stellt den Privatdetektiv Kilmer dar, der sich an Tanaka Ken wendet, der schwer in seiner Schuld steht. Eine fesselnde Geschichte über Schuld *(Giri)*, Ehre und den Kampf gegen die *Yakuza*. Die *Yakuza,* die kriminelle Organisation Japans. Sie richten sich bis zum heutigen Tag an einen Kodex und folgen einer strengen Hierarchie. Bekannt auch dadurch, das ein dem Tode entrinnen nur möglich ist, wenn man sich als Entschuldigung vor seinem *Oyabun* (Oberhaupt) einen Finger abtrennt.

Seppuku

Ein Samurai hatte nicht nur das Recht, sondern auch die Pflicht, Einspruch zu erheben, wenn er überzeugt war, dass sein Herr unklug oder ungerecht handelte. Das war eben auch *Giri.*

Wenn alle Überredungsversuche versagten, musste der Samurai seine Einwände entweder aufgeben oder Selbstmord *(Seppuku)* begehen.

Seppuku, gewöhnlich auch als Harakiri bezeichnet, bedeutete, sich mit einem Schwert den Bauch in ritueller, überlieferter Form in entsprechend vorgeschriebenen Schnitten, zu öffnen. Eine weitere Person *(Kaishaku-nin)* enthauptete anschließend den Samurai, um ihm noch längere Qualen zu ersparen.

Unterlassener Protest - in festem, aber ehrerbietigem Tun - wenn die Umstände ihn erfordert hätten, konnte als Untreue und als moralische Feigheit ausgelegt werden.

1912
Die Beerdigungszeremonie des Kaisers Meiji unterbricht die Nachricht, dass der Nationalheld Japans, der Eroberer von PortArthur, General Maresuke Nogi, *Seppuku* begann, und somit seinem Herrn in den Tod folgte , diesen Suizid nennt man *Junshi*.

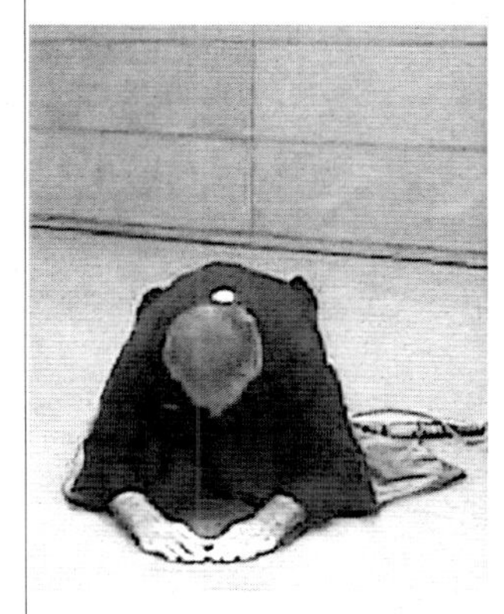

1971
Im Protest gegen die Regierungspolitik und der Verweichlichung der Samurai begann in der Kaserne in Ichigaya der berühmteste Schriftsteller, Nobelkandidat Yukio Mishima, *Seppuku*.

Noch heutzutage gibt es *Seppuku* in Japan.

Die Tradition der Samurai heute.

Manche behaupten: Erst die Philosophie der Samurai hat für Japan den Weg geebnet zu der Wirtschaftsmacht, die es heute ist.

Zum einen ist es das besondere Verständnis von Führung: Auf der einen Seite steht der Samurai und seine grenzenlose Loyalität zu seinem Fürsten. Diese ging so weit, dass es den Samurai per Gesetz verboten werden musste, nach dem Tod ihres Fürsten rituellen Selbstmord zu begehen. Auf der anderen Seite ist sich dieser seiner besonderen Verantwortung bewusst und sieht sich durchaus als "Diener" seiner Untergebenen. Noch heute hört man fallweise von Suiziden von Firmenchefs, falls sie in der Unternehmensführung scheitern. Im Iai-Jutsu, wie es in Wien durch Erwin Steinhauser gelehrt wird, wird das dadurch merkbar, dass auch hier die Loyalität der Iai-jin (SchülerInnen) und das Engagement des Sensei durchgängig merkbar sind.

Möglichkeit, sich zu verbessern. Das geht so weit, dass bei Fehlerlosigkeit die Ziele höher geschraubt werden, um anhand der nun auftauchenden Schwierigkeiten wieder Möglichkeiten zu finden, um sich zu verbessern: "No problem is a problem". Genau der gleiche Zugang und Umgang mit Fehlern wird in Iai-jutsu vermittelt. Die Freude daran ist die Basis, das ständige "Bemühen um Verbesserung" ist die Begleitung auf dem Weg zum Ziel: der exzellenten Beherrschung der traditionellen Bewegungsabfolgen. Iai-jutsu ist so schwierig oder so leicht zu lernen wie ein Musikinstrument: Um Exzellenz zu erreichen braucht es Jahre, doch wie beim Spielen eines Instrumentes packt einen die Faszination gleich - oder auch gar nicht.

Es ist schwer zu sagen, was diese Faszination ausmacht. Fest steht, dass sich ganz unterschiedliche Menschen davon angesprochen fühlen: Junge und Ältere, Männer und Frauen, ÄrztInnen, HandwerkerInnen, Führungskräfte und Angestellte, Japanologie-StudentInnen und solche, die mit japanischer Kultur eigentlich gar nichts zu tun haben. Was vermutlich alle dabei hält ist die Energie, die es bei aller körperlichen Anstrengung, bringt und die Möglichkeit, aus dem Alltag auszusteigen und sich über die Katas vollkommen zu zentrieren. Und diese besondere Atmosphäre, die im gemeinsamen Tun entsteht. Vielleicht ist das der dritte Grund, warum japanische Firmen so erfolgreich sind: gemeinsame Anstrengung, gemeinsames Ziel und gemeinsamer Erfolg verbindet.

Artikel von Helga Kernstock-Redl
(eine meiner begeisterten Iai-jin).

In allen östlichen Weisheitstraditionen wird die Meisterschaft darin gesehen, dass da niemand mehr ist, der kontrolliert oder irgendetwas will.

Der Meister verschwindet als Akteur.

Er wird zum Atmen, zum Tanz der Körperübung, sei es Schwertkampf, Bogenschießen oder Tuschmalerei. Alles geschieht von selbst - in einem stetigen Fluss, wie Musik.

6. Atmung

Nach dem Lesen der ersten Absätze werden viele verstehen, warum ich die Atmung erst jetzt anführe. Da die Atmung "von selbst geschieht", ist es sehr schwierig, diese zu ändern oder anzupassen. Trotzdem ist es meiner Meinung nach möglich, in kleinen Schritten und ohne Zwang, sondern durch kontinuierliche Übung die Erfahrung zu machen, warum auch hier ein Umdenken neue Erkenntnisse bringen kann.

Die moderne Gesellschaft hat in den letzten Jahren eine enorme Entwicklung durchgemacht. Technik, Elektronik, Wissenschaft auf allen Gebieten, haben Epochales geleistet.

Die Seele ist dabei zu kurz gekommen. Der Fortschritt hat die Menschheit überholt. Aber es ist noch nicht zu spät. Entwicklungen sind oft mit hohem Aufwand entstanden. Für die Seele bedarf es nur sehr wenig, um einen großen Schritt weiter zu kommen. Eine Möglichkeit dazu ist es, bewußt zu atmen.

Atmen ist weit mehr als nur Sauerstoff aufnehmen. Mit dem Einatmen nehmen wir die universelle kosmische Energie auf. Im japanischen Kulturkreis wird diese Energie *Ki* genannt.

Unser ganzes Befinden wird durch eine richtige Atmung positiv beeinflusst. In der traditionellen Schwertkunst ist die Atmung und das Einbringen von *Ki* in die Schwert-Bewegungen ein sehr wichtiger Bestandteil.

Die Atmung ist neben Herzschlag und Bewusstsein die grundlegendste Vitalfunktion. Ausgeruhte Erwachsene atmen durchschnittlich 14 mal in der Minute, das sind rund 20.000 Atemzüge am Tag.

Bewußtes Durchatmen und Atemholen führt regelmäßig zu einem positiven und entspanntem Gefühl. Die meisten Atemzüge laufen jedoch unwillkürlich ab.

Die möglichen Folgen einer Störung des natürlichen Atemgeschehens reichen von Müdigkeit, Antriebsarmut und Kopfschmerzen, Kreislaufstörungen bis hin zu chronisch pathologischen Beeinträchtigungen der Stimme und des Sprechens.

Mit ein paar kleinen Übungen können Sie wieder "aufatmen". Zu wenig Luft gelangt beispielsweise bei einer flachen Brustatmung in die Lunge. Bei dieser Art von Atmung bleibt der wirkungsvollste Muskel für die Einatmung, das Zwerchfell, unterbeschäftigt!

Wenn er aber so wenig zum Einsatz kommt, kann er auf Dauer sogar an Funktionstüchtigkeit einbüßen.

Auch Überbelastung bleibt nicht folgenlos: Wer hektisch ein- und sofort wieder ausatmet, vergisst die nötige Atempause nach dem Ausatmen. Aber auch diejenigen, die ständig in Atem gehalten werden, atmen ungünstig. Meist atmen sie schleppend, bis sie die verbrauchte Luft aus der Lunge wieder herauslassen. Ebenso "atemberaubend" ist enge und die Taille einschnürende Kleidung sowie das Sitzen mit einem runden Rücken, denn dabei wird der Bauchraum zusammengepresst, und die Arbeit des Zwerchfells behindert.

Die Atemluft sollte bevorzugt durch die Nase

einströmen, da sie auf diesem Wege besser gefiltert, angewärmt und angefeuchtet werden kann, bevor sie in die empfindlichen Lungen strömt.

Atmungsarten:
Es gibt vereinfacht gesagt drei verschiedene Atmungsarten, die aber nie ganz isoliert voneinander zu sehen sind:

6.1. Schulteratmung - Schlüsselbeinatmung
6.2. Bauchatmung - Zwerchfellatmung
6.3. Kombinierte Zwerchfell-Flanken-Atmung

6.1. Schulteratmung - Schlüsselbeinatmung

Diese Atmungsart ist sehr verbreitet und deckt sich mit dem Tief-Luft-Holen; dabei werden dann die Schultern hochgezogen, und beim Ausatmen werden sie wieder gesenkt. Als Folge verspannt sich die Halsmuskulatur. Drückt auf den Kehlkopf, die auf dem Zwerchfell stehende Luftsäule kommt nicht zustande.

6.2. Bauchatmung bzw. Zwerchfellatmung

Diese Atmungsart ist auf jeden Fall besser als die Schulteratmung. Bei dauerhafter Beanspruchung der Stimme kann sie allein nicht ausreichen ohne stimmliche Beeinträchtigungen zur Folge zu haben.

6.3. Kombinierte Zwerchfell-Flanken-Atmung

Diese Atmungsart wird von professionellen Sängern und Sprechern angewendet und ist somit die kraftvollste und zugleich entspannteste Variante. Man spricht hierbei von einer gestützten Atmung.

Dehnen, räkeln, gähnen sind die kleinen Helfer im Alltag und unterstützen effektiv die natürlich ablaufenden Atemfunktionen. Gähnen ist eine Art instinktiver Atemübung. Nach einer tiefen Einatmung, bei welcher das Zwerchfell gut angespannt wird, folgt eine lange und gründliche Ausatmung.

Atemhilfsmuskulatur

Jeder kennt das Bild eines erschöpften Sportlers, der seine Atemhilfsmuskulatur aktiviert, in dem er, vorn über gebeugt, und seinen Oberkörper mit den Händen auf den Oberschenkeln abstützt.

Hierdurch erhält die Atemhilfsmuskulatur einen günstigeren Hebelverhältnisse und kann kraftsparend die Lunge gut belüften.

In alten Zeiten war den Menschen in Japan bewusst, das ein Tuch *(Sarashi* oder *Enju-obi),* fest um den Bauch gewickelt, dort die Atemkraft konzentriert und zur Gesundheit beiträgt.

Bei traditionellen Festen, sogenannten Nackt-Festen *(Hadaka-Matsuri),* wird diese Tradition noch hochgehalten.

Das Japanische Schriftzeichen für Ki

Ich biete eine interessante Herausforderung an:

Die Zirkularatmung

Sie wird auch Kreisatmung oder Permanentatmung genannt. Das ist eine Blastechnik, die einen kontinuierlichen Luftstrom aus dem Mund auch während des Einatmens ermöglicht.

Bei dieser Technik speichert der Blasende einen Luftvorrat im Mundraum und trennt diesen daraufhin mit hinterer Zunge und Gaumensegel vom Rachenraum.

Nun kann er durch die Nase neue Luft in die Lunge einatmen, während die gespeicherte Luft zur Aufrechterhaltung des Luftstroms mit Hilfe der umgebenden Muskulatur durch die Lippen aus dem Mund herausgedrückt wird.

Sobald der Einatmungsvorgang abgeschlossen ist, kann wieder ganz normal geblasen werden, ohne neu anzublasen, und der Vorgang wiederholt sich.

Die Zirkularatmung wird bei Blasinstrumenten (zum Beispiel bei Rohrblattinstrumenten und dem Didgeridoo) eingesetzt, sowie in bestimmten Handwerksberufen, in denen ein kontinuierlicher Luftstrom für Schmelzvorgänge nötig ist (Goldschmiede, Glasbläser).

Der Begriff der "kreisenden" (zirkulierenden) Atmung entsteht aus dem subjektiven Gefühl des Blasenden, der Atem beschreibe einen Kreislauf.

Die Verbildlichung dieses Gefühls hilft auch beim Erlernen der Technik.

Geschichte

Die Ursprünge der Zirkularatmung sind nicht bekannt; da sie von Naturvölkern weltweit eingesetzt wird, lässt sich vermuten, dass sie bereits seit Jahrtausenden praktiziert wird.

Mit Beginn der Neuzeit verringerte sich das Einsatzgebiet der Zirkularatmung in der Musik, da die Bildung von größeren Ensembles das sogenannte chorische Atmen ermöglichte.

Im Handwerk nahm die Verwendung der Zirkularatmungnatürlich seit der Einführung von Flaschengasen und Druckluft ab.

Ein Wiederaufleben erfuhr die Zirkularatmung in den letzten zwei Jahrzehnten durch die Verbreitung des Didgeridoo der australischen Aborigines. An diesem Aerophon erfüllt die Zirkularatmung nicht nur die ökonomische Aufgabe des fortgesetzten Luftstroms, sondern ist Stilmittel zur Klang- und Rhythmuserzeugung. Zudem ist sie an diesem Instrument besonders leicht zu erlernen.

Ein von mir angefertigtes Didgeridoo

Der Kiai - die Konzentration der Energie

Kiai ist die Bezeichnung für den Kampfschrei während einer Aktion in den asiatischen Kampfkünsten. Durch den *Kiai* wird eine Harmonie von Körper und Geist erzeugt, in der die Gesamtheit der Energie des Menschen zentriert und verfügbar wird.

Dabei entsteht im *Iaijutsu,* ein willkürlicher Schreilaut. Er entsteht durch die Konzentrierung auf eine sehr aktive Bewegung. Die korrekte Atemtechnik, bei der der *Kiai* durch Bauchatmung erzeugt wird, ist wesentlich.

Das Wort setzt sich zusammen aus den Begriffen *Ki* (jap."innere Lebensenergie") und *Ai* (jap."Einheit, Harmonie").

Der *Kiai* ("Eins-sein mit dem Augenblick") erfüllt mehrere Zwecke:

1. Zeitliche und räumliche Koordination der körperlichen Energie und der psychischen Aufmerksamkeit auf die ausgeführte Schlag-, Tritt-, oder Schwertaktion (jap. *Kime*).

2. Aufrechterhaltung der inneren Anspannung und Aggression nach einem erfolgreichen Treffer, sodass umgehend die nächste Aktion folgen kann.

Für viele Anfänger ist die Anwendung eines lauten, stimmhaften *Kiai* mit einer Art psychischen Hemmung verbunden. Mögliche Gründe sind, dass laute Rufe im Alltag verpönt sind, und man sich unwohl fühlt, wenn man alleine laut wird.

Was ist Glück?

Eine große Katze sah eine kleine Katze ihrem Schwanz nachjagen und sagte: "Warum jagst du deinem Schwanz so hinterher?" Das Kätzchen antwortete: "Ich habe gehört, dass das Glück das Beste für eine Katze ist und dass es in meinem Schwanz sitzt. Deshalb versuche ich, ihn zu erhaschen.
Wenn ich ihn erwische, werde ich das Glück gefunden haben.

" Darauf sagte die alte Katze: "Mein Sohn, auch ich habe mich mit den Problemen des Universums beschäftigt.

Auch ich habe gefunden, dass das Glück in meinem Schwanz sitzt. Allein, ich habe bemerkt, dass er mir immer wegläuft, wenn ich ihn fangen will; gehe ich jedoch meiner Wege, scheint er mir von allein hinterher zu kommen, wo ich auch hingehe."

7. Einsichten, Erkenntnisse

Die vorhergegangenen Seiten sollen zu neuen Einsichten und Perspektiven und damit zu Selbsterkenntnissen anregen. Vieles ist möglich, nichts ist unmöglich.

Diese Erkenntnisse führen zur Sicherheit zu sich selbst und zum Umfeld und unterstützen die Kommunikation mit den Mitmenschen. Man sieht die Dinge mit mehr Gelassenheit auf sich zukommen und gewinnt dadurch Einfluss, Anerkennung und man fühlt sich gebraucht.

In kleinen, nicht zeitbedingten Schritten öffnet sich ein neues Tor. Das Tor zur Selbstfindung. Erst das Durchschreiten des Tores bringt den Menschen in die Lage, etwas zu ahnen und fühlen, das bisher im Verborgenen in ihm war.

Jetzt erst kann begonnen werden, sich mit Phänomenen zu beschäftigen und auseinander zu setzen, die ich als die vierte Dimension bezeichne.

Das "Übersinnliche", wie wir Menschen gerne Dinge und Situationen umschreiben, die wir nicht mit unserem kleinen Menschenverstand verstehen und erklären können und auch nicht sollen:

Aura, Spiritualität, Erleuchtung, das Jenseits, das Ureine, sind einige Unerklärbarkeiten.
Und doch fühlt man jetzt, dass etwas da ist.

Eine friedvolle Erkenntnis eröffnet sich und ermöglichen dir, Frieden in dir selbst zu finden.

Unser Leben ist viel schwerer, als das unsererVorfahren, weil wir uns so viele Dinge anschaffen "müssen", die uns das Leben erleichtern.

(Gabriel Laub)

4. Transzendenz

Angeblich haben sich noch nie so viele Menschen mit Spiritualität beschäftigt wie heute, am Beginn des dritten Jahrtausends. Kann man daraus den Schluss ziehen, dass wir in einem spirituellen Zeitalter leben, oder ist der riesige Hunger nach Sinn nicht eher ein Symptom des Mangels an spiritueller Orientierung?

Spirituelle Werte stehen heute fast überall in der Gesellschaft hoch im Kurs. In den Leitlinien von Unternehmen und Verbänden sowie in unzähligen spirituellen Büchern.

1. Meditation
2. Das Jenseits
3. Die vierte Dimension

1. Die Meditation

Meditieren ist eine Jahrtausende alte Methode, die vor allem im fernen Osten praktiziert wurde. Im Grunde genommen ist meditieren sehr einfach, aber gerade deswegen schwierig.

Die größte Hürde dabei: Die Menschen des Industriezeitalters sehen alles in einer Kosten-Nutzen Perspektive.

Zenmeister bezeichnen *Zazen* als vollkommen zwecklos. Das klingt sehr paradox in unseren Ohren. Wir empfinden viel zu sehr aus der Sicht einer Erwartungshaltung: Wenn ich etwas tue, welchen Nutzen habe ich davon?

Doch Meditation erfordert ein Umdenken.

In den letzten Jahren ist die Wirksamkeit der Meditation in zahlreichen wissenschaftlichen Studien untersucht worden. Bei Menschen, die regelmäßig meditieren, konnten unter anderem, wie unter Wikipedia im Internet zu lesen ist, folgende Wirkungen beobachtet werden:

Meditation stärkt das Immunsystem und vermindert die Anfälligkeit für Krankheiten.

Das Risiko von Herzinfarkten und Schlaganfällen wird deutlich reduziert.

Der physiologische und mentale Alterungsprozess verlangsamt sich.

Fast alle Praktizierenden berichten von einer Steigerung des allgemeinen Wohlbefindens.

Wer meditiert wird innerlich ruhiger und gelassener. Das Bedürfnis nach schädlichen Gewohnheiten und Suchtverhalten nimmt ab.

Meditation fördert die Kreativität und intuitive Intelligenz.

Sie vertieft die Selbstwahrnehmung und steigert die Kommunikationskompetenz, indem sie ein fließendes Gewahrsein der eigenen Gedanken und Vorstellungen sowie der körperlichen und seelischen Empfindungen ermöglicht.

Sie führt auf Dauer unwillkürlich zur Überwindung dualistischer Denk- und Verhaltensmuster und stärkt auf diese Weise das Selbst- und Urvertrauen.

Genau das ist es: Soviel und noch mehr wird erwartet. Damit rücken die erwähnten Wirkungen in weite Ferne. Bei der Meditation macht es keinen Sinn, sich nach "Studien" zu orientieren.

So die alles wissenwollende Wissenschaft. Und genau das erzeugt ein ungeheures Erwartungsverhalten im Menschen, dem man eine Meditation empfehlen möchte. Genau diese macht Meditation in spiritueller Hinsicht unmöglich. Denn das Nicht-Erwarten, Nicht-Zielorientierte sind dafür die Voraussetzungen.

Schwer verständlich in unserer heutigen Konsumgesellschaft.

Wenn ich Schwertkunst unterrichte, bringe ich meditative Elemente in den Unterricht ein, ohne das die *Deshi* (Schüler) das wirklich bemerken. Denn dann entfällt das Erwartungsverhalten.

Meditation sollte man immer und überall durchführen können. Denn eigentlich geht es um *Mushin,* um den leeren Geist.

Das japanische Schriftzeichen für Zen

Die wahre Größe der Meditation ist nicht in irgendeiner Methode zu finden. Sie liegt in der völligen Abwesenheit jeden Greifens.

(Sogyal Rinpoche)

2. Das Jenseits

Wenn man sich fast ein Leben lang mit den spirituellen Kampfkünsten beschäftigt hat, braucht man keine Bestätigung mehr, dass eine universelle Energie (Gott?) über uns bestimmt, uns leitet und führt.

Die Ureinwohner jedes Kontinents spürten durch ihre Naturverbundenheit diese Energie und verstanden und verstehen mit dieser in Harmonie zu leben und umzugehen.

Ich nehme es dankbar war, auch wenn uns das "Bodenpersonal" vieles vorenthält, uns täuscht und uns "Schäfchen" für dumm verkauft, denn die meisten Religionen kennen Jenseitsvorstellungen (Himmel, Hölle, Fegefeuer, Hades Totenreich, Unterwelt, Traumzeit und so weiter). Ich sehe in den meisten Religionen ein Diktat und eine Einschränkung der natürlichen Freiheit des Menschen.

Im Spiritismus spielt das Jenseits als Aufenthaltsraum der Toten eine wesentliche Rolle. So wird von es von den Medien, die mit den Geistern Verstorbener in Verbindung stehen, als rein geistiges, ätherisches oder auch konkret weltähnliches Gefühl beschrieben. Es stellt eines der existenten, aber nicht erklärbaren Phänomene dar.

Ich möchte die Vorstellung der spirituellen Dimensionen in einigen Kulturen anführen, denn die Frage lautet seit Menschengedenken:

"Wo kommen wir her und wo gehen wir hin?".

Europa

In der germanischen Mythologie waren Göttliches und Irdisches unauflöslich verwoben. Auch der Tod galt nicht als unüberwindliche Schranke zwischen Diesseits und Jenseits. Die Germanen glaubten an ein Fortleben von Seele und Leib nach dem Tod bei Hel im Totenreich oder in Walhalla als Gefährten der Götter.

Sie gaben daher den Verstorbenen Lebensmittel, Waffen, Schmuck in das Grab. Verehrt wurden die großen Naturgewalten (Sonne, Feuer, Wasser, Erde), denen man tierische und pflanzliche Opfer brachte. Eine Priesterkaste existierte nicht.
Die Begriffe Niflheim und Helheim bezeichnen die Unterwelt in der nordischen Mythologie. Die Hel der vorchristlichen Germanen war hingegen kein Ort der Verdammtem, nur der dunkle, neblige Ort der Toten, wo sie so ähnlich wie im Diesseits weiterlebten, jedoch nicht zurückkehren konnten. Walhalla als Ort der gefallenen Helden kam erst später hinzu, und es gab diesen Ort ohnehin nur in der Vorstellung der Nordgermanen.

Römische Mythologie

Orcus war in der römischen Mythologie einer der Namen für den Gott der Unterwelt. Andere Namen sind Pluto oder Dis Pater. Mit Orcus wird seine böse, bestrafende Seite bezeichnet, der Gott, der die Toten im Jenseits folterte. Ihm wurden allerdings auch Eigenschaften eines Psychopomp (Seelengeleiter) zugeschrieben, als welcher er die Seelen der Verstorbenen in die Unterwelt führte. Die Ursprünge des Orcus liegen womöglich in der etruskischen Religion.

Orcus wird etwa im Sinn von Abgrund, Totenreich oder Unterwelt gebraucht. Wird zum Beispiel davon gesprochen, dass etwas in den Orcus geht, ist gemeint, dass es dem Verfall ausgesetzt ist.

Griechische Mythologie

Die griechische Mythologie beschreibt den Hades, der Herrscher der Unterwelt, auch er wird Hades genannt, verkörpert den Totengott. Mit Hilfe des Fährmannes Charon kann der Fluss Styx, der Ober- und Unterwelt voneinander trennt, überquert werden. Der dreiköpfige Höllenhund Kerberos bewacht den Eingang und sorgt dafür, dass kein Lebender den Hades betritt und kein Toter ihn verlässt.

Die Totenrichter Minos und Rhadamanthys sitzen über die Seelen zu Gericht. Die Meisten gehen in die von der Lethe (der Strom des Vergessens) umflossenen elysischen Gefilde ein, wo sie als Schatten schmerzlos fortwähren oder auch in ewiger Glückseligkeit leben.

Der Psychopompo

Geleitet die Seelen der Verstorbenen ins Jenseits. Psychopompos ist der Titel des griechischen Botengottes Hermes. So kannten etwa die Ägypter den hunde- oder schakalköpfigen Anubis. In der germanischen Mythologie holen die Walküren die gefallenen Krieger vom Schlachtfeld nach Walhalla, bei den Kelten war Ogma der Seelenführer.

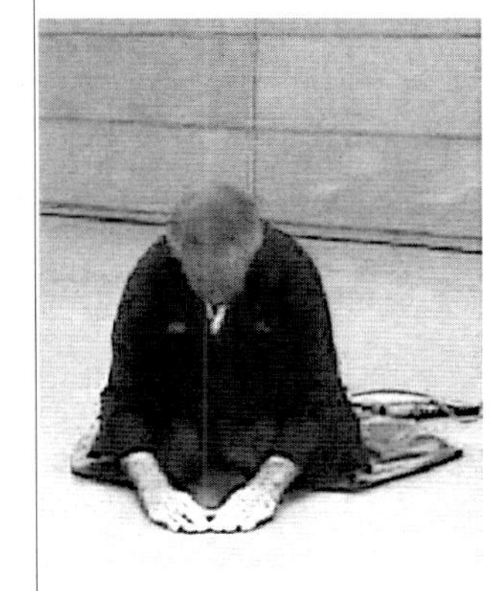

Ihren Ursprung hat diese Vorstellung im archaischen Schamanismus. Der Schamane führte die Seelen ins Totenreich.

Im Christentum ist es der Erzengel Michael, der am Tag des Jüngsten Gerichts als Seelenwäger bestimmt ist.

Im Islam ist es der Engel Azrael, der von Allah eine Liste mit den zum Tode bestimmten Menschen erhält und in den darauffolgenden 40 Tagen ihre Seelen vom Körper trennt.

Amerika

Die Indianer in Nord- Süd- oder Lateinamerika glaubten an übernatürliche Mächte und Kräfte. Aber diese Kräfte entsprachen nicht dem christlichen oder jüdischen Gott oder Allah. Sie stellten sich diese Mächte auch nicht als Mensch vor.

Vielmehr war es eine übernatürliche Kraft zu der zum Beispiel auch die Sonne gehörte, die Licht, Leben und Wärme spendete.

Die einen Indianer nannten diese Mächte Manitu, andere Wakonda. Alle Indianer meinen - egal wie sie es nennen - Kräfte und Energien, die allem innewohnen, egal ob es sich dabei um einen Stein, eine Pflanze, ein Tier, den Menschen, einen Blitz oder Donner oder die Wolken handelt.

Alles Natürliche wird durch diese Kräfte beseelt. Und diese Kräfte können das Leben und Sein all dieser natürlichen Erscheinungen positiv beeinflussen. Sie können ihnen aber auch gefährlich werden.

Fast alle Indianer waren überzeugt davon, dass sie nach dem Tod in irgendeiner Form weiterleben. Sie nannten das, was wir als Jenseits bezeichnen, die "Glücklichen Jagdgründe".

Doch so viele Stämme es gibt, so unterschiedlich waren auch die genauen Vorstellungen davon, auf welchem Weg die Seelen ins Totenreich gelangen.

So waren zum Beispiel die Indianer vom Stamm der Chayenne sicher, dass sich ihre geistige Hülle nach dem Tod vom Körper löst und über die Milchstraße ins Land des "Großen Geistes" aufsteigt. Dort führen die Seelen ein ähnliches Leben wie auf der Erde: sie gehen zur Jagd, wohnen in Zelten oder Hütten. Manche können auch später auf der Erde wieder geboren werden.

Allerdings nicht alle. Viele Seelen starben auch irgendwann, spätestens dann, wenn sich niemand mehr auf der Erde an diese verstorbenen Menschen erinnerte.

Nicht für alle Indianer war der Weg ins Jenseits so einfach wie für die Cheyenne. So mussten die Angehörigen mancher Stämme erst eine Probe bestehen, um ins "Land der Seligen" zu gelangen.

Nach Ansicht der Pawnee beispielsweise war es die Aufgabe der Verstorbenen, einen Fluss zu überqueren, der die Grenze zum Totenreich darstellte. Das schafften nur rechtschaffene Seelen, die friedlich gestorben waren. Hatte ein Pawnee Unrecht begangen, fiel er ins Wasser.

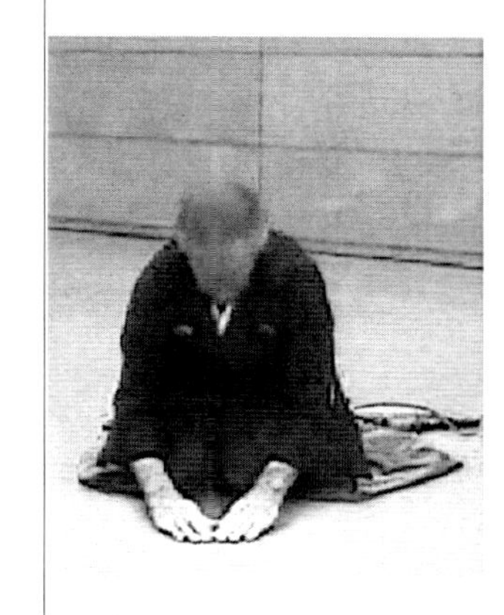

Asien

Taoismus

Nach den Vorstellungen des Taoismus kann sich ein Mensch nach seinem Tode, in eine neue materielle Form wandeln. Diese lebt in einer besseren Welt. Von Konfuzius (als Gegenspieler) wird davon ausgegangen, dass der Mensch eine Erscheinungsform eines Höheren (chhi) ist. Nach dem Tode verschwindet das chhi, kann aber wieder zum Menschen geformt werden. Damit vertritt er ein Auferstehungsmodell.

Hinduismus

Im frühen Hinduismus wird von einer Einheit von Körper und Seele ausgegangen, welche nach dem Tod wieder zu einer Geist-Körper-Einheit aufersteht; dies stimmt mit den Vorstellungen der Omegapunkt-Theorie (siehe Seite 159) gut überein; die später entstandene Vorstellung der Reinkarnation, ein strenger Dualismus von Geist und Körper, stehen seitdem im Widerspruch zur Omegapunkt-Theorie.

Buddhismus

Der Buddhismus geht von einer Reinkarnation aus, die jedoch im Nirvana enden soll. Die Interpretation des Nirvana als Auslöschung ist nicht klar. Einerseits wird das Nirvana als absolute Auslöschung und andererseits als Auslöschung der immerwährenden Wiederkehr gedeutet.

Das Nirwana wird erreicht durch die Erleuchtung (*Bodhi, Satori*) und bewirkt einen Austritt aus dem *Samsara,* dem Kreislauf des Leidens und der Wiedergeburten. Dieses "Erlöschen" bedeutet die Auslöschung des Ich-Bewusstseins.

Der Erleuchtete nimmt sich nicht mehr als getrennt von seiner Umgebung wahr. Er lebt mit seinem Bewusstsein in einer höheren Dimension aus Leere (Nichts) und Einheit (Fülle, Glück). Nirwana kann letztlich mit Worten nicht beschrieben werden, es kann nur erlebt und erfahren werden, zumeist als Folge intensiver meditativer Schulung. Nirwana ist gleichbedeutend mit einem Leben in der Ruhe und im Glück: "Ein Buddha lebt sanftmütig in einer Welt des Kampfes. Er verweilt suchtlos in einer Welt der Süchte. Er ruht leidbefreit in einer Welt des Leidens".

Nirwana ist das höchste Glück.

Gut ist es einen Erleuchteten zu treffen. Sein Licht erhellt die Welt. Seine Weisheit weist den Weg zum Glück.

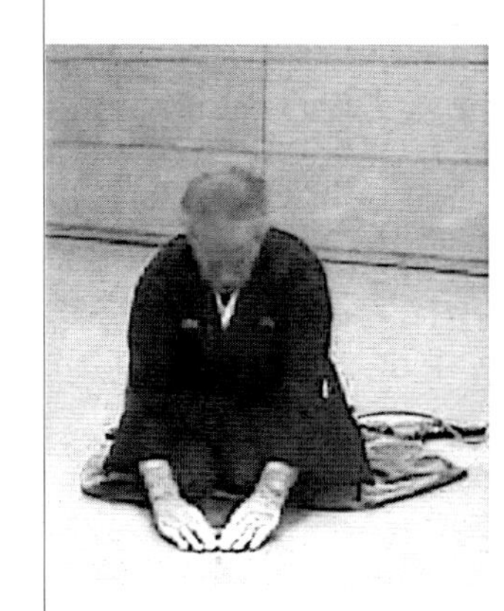

Afrika

Die Vorstellung einer Lebenskraft, die die diesseitige mit der metaphysischen Welt verbindet, ist zentral. Die afrikanische Religion ist lebensbejahend und hat für Askese wenig übrig.

Afrikanische Vorstellungen über Unsterblichkeit sind weit verbreitet, jedoch sind die Details des ewigen Lebens sehr unterschiedlich. Auch hier ist die Omegapunkt-Theorie mit den Vorstellungen der Afrikaner gut zu vereinbaren.

In der Religion ist Totemismus teilweise stark ausgeprägt. Einzelne Rinder galten als Vertreter der Ahnen, und ein Ahnenkult war ausgeprägt. Im Zentrum steht ein Regenkult als Fruchtbarkeitskult, der von Priesterinnen beherrscht wird.

Als Regengott erscheint Mwari, der später teilweise zu einem Höhlen- und Orakelgott entartete. Entsprechend gab es Wahrsagerei bis hin zur Eingeweideschau. Neben dem Regen- und Ahnenkult spielt der Besessenheitskult (Mashawe) eine große Rolle. Die Sterne standen mit den Ahnen in Verbindung.

Australien

Mit der australischen Urbevölkerung, den Aborigines, verbindet mich etwas, das ich nicht erklären kann. Deshalb ist es mir ein Anliegen, hier weiter auszuholen.

In jedem Kulturkreis gibt es eine Vorstellung, wie die Welt entstanden ist. Diese Vorstellung der Aborigines soll nur ein Beispiel darstellen, stellvertretend für alle Völker dieser Erde.

Die Traumzeit

In vielen Jahrtausenden wuchs die Verbundenheit der Aborigines mit ihrem Land. Aus der Traumzeit, auch Altjeringa-, Tjurkurrpa- oder Palaneri-Zeit genannt, entstanden ihre Gebräuche, Riten und übersinnlichen Glaubensvorstellungen.

Sie markiert den Schöpfungsmythos, der vor vielen Millionen Jahren den Anfang der Zeit bestimmte. Diese Schöpfungszeit symbolisiert, dass für die Ureinwohner jegliches Leben Teil eines Systems ist, in dem alle Einzelheiten miteinander in Verbindung stehen.

Alles, Tiere, Menschen und das Land waren ein Teil der endlosen Traumzeit als es keinen Unterschied gab zwischen Menschen, Tieren und spirituellen Wesen. Es war zu dieser Zeit als die Erde und alles was es darauf gibt erschaffen beziehungsweise erträumt wurde von diesen spirituellen Wesen oder auch totemische Vorfahren genannt. Ihre Taten sind ein Teil des Lebens, so wie Menschen ein Teil von Tieren sind und Tiere ein Teil von Menschen sind.

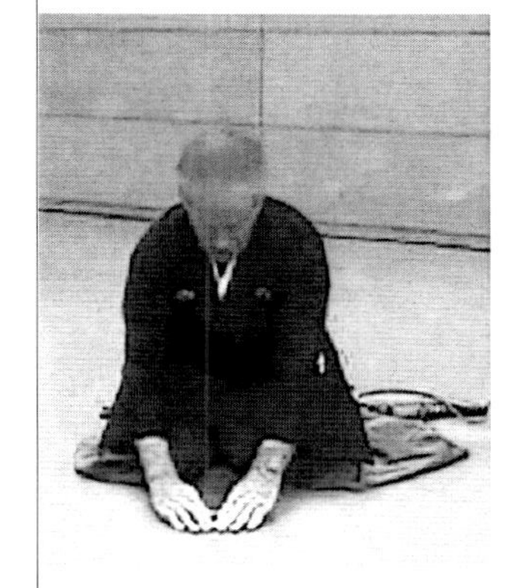

Alles Natürliche ist für uns ein Teil unserer selbst. Alle Dinge auf der Erde betrachten wir als teilweise menschlich. Dies findet in der Vorstellung des Traumes Ausdruck. Unsere Verbundenheit mit allem Natürlichen ist geistiger Art.

Heute verehren wir diese geistigen Stätten. Wir haben eigens für sie entwickelte Lieder und Tänze - wir nähern uns ihnen nie, ohne uns vorher gut vorzubereiten.

Als die großen Lebewesen sich an Land begaben, bildeten sie kleine Gruppen von Leuten wie wir in jeder Region. Es verhält sich tatsächlich so, dass Menschen, die zu einer bestimmten Region gehören, Teil dieser Region sind, und wenn diese zerstört wird, ereilt sie das gleiche Schicksal.

(Silas Roberts, vom Stamm der Alawa, Northern Territory)

In dieser Traumzeit erträumte man die Verwandtschaft von allen Dingen zueinander; Menschen, Tiere, Natur, Stämme, Gesetze, Herkunft, Kunst undsoweiter. Aus dieser Verwandtschaft entstanden Stämme, Gesetze, Rituale, Kunst oder kurz die Kultur.

Diese Kultur der Aborigines ist die älteste durchgehende Kultur der Weltgeschichte. Ihre Felsritzungen und -malereien sind bis zu 50.000 Jahre alt (zum Vergleich: die ägyptischen Pyramiden entstanden vor gut 4.500 Jahren). Die Geschichten der Traumzeit wurden von Generation zu Generation durch Sprache, Gesang und Tanz weitergegeben.

Die Tänze der Aborigines sind berühmt. Sie dienten der Weitergabe mythologischen und spirituellen Wissens, erzählten auf pantomimische Art und Weise von den Abenteuern der Traumzeit-Wesen, von der Jagd oder der Fruchtbarkeit und Erotik.

Zu bestimmten Anlässen konnten diese Tänze mehrere Tage und Nächte dauern. Durch ihren erzählerischen Charakter entwickelten sich diese Zyklen zu theatralischen Darbietungen mit ausgefeilter Dramaturgie. Anlässlich der "corroborees", solcher Tanzversammlungen, bemalten die Männer ihren Körper und ahmten in ihren Tänzen bestimmte Tiere oder das Spiel der Naturgewalten nach.

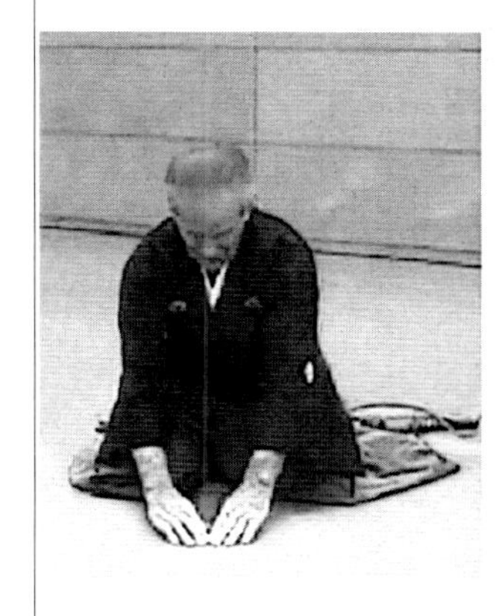

Begleitet wurden die Tänze stets mit rituellen Gesängen und rhythmischer Musik, die vor allem mittels Holzstöcken und aneinandergeschlagenen Bumerangs, zum Teil auch mit Trommelinstrumenten, wie der bis zu zwei Meter langen Urbar-Baumtrommel, erzeugt wurde.

Bei diesen Tanzveranstaltungen und in Ritualen zur Heilung von Kranken kam außerdem das wohl bekannteste Instrument der Aborigines zum Einsatz: das Didjeridoo, eine lange, hölzerne, aus einem hohlen Ast hergestellte Basspfeife.

Sie symbolisiert die männliche Energie, weshalb es Frauen verboten ist, darauf zu spielen. Für die Aborigines ist das Didjeridoo aber in Wirklichkeit eine Gottheit in und durch sich selbst, das erigierte Glied eines Ahnen, und es bestehen strenge, in Gesangsstrophen verschlüsselte Anweisungen, die gesungen werden sollen, wenn es angefertigt oder gespielt wird.

Die Prophezeiung

Es gibt eine Traumzeit-Geschichte, die weit zurückreicht. Sie erzählt von den Weisen oder Stammesheilenden von einst.

Früher vermochten sie in ihre besonderen Kristalle hineinzugehen. Sie sahen Bilder der Vergangenheit, Bilder von Dingen, die gerade jetzt, weit weg geschehen, und Bilder der Zukunft.

Einige der Bilder der Zukunft erfüllten die Alten mit Furcht. Sie sahen eine Zeit, in der die Farbe der schwarzen Menschen blasser und blasser zu werden schien, wie die der Steine, bis überall in Australien nur noch die weißen Gesichter von den Geistern der Toten zu sehen waren.

Die Aborigines verbinden weiße Haut mit Toten, da wir alle nach dem Tod zu weißen

Skeletten werden. Als zum ersten Mal Weiße nach Australien kamen, vermeinten die Schwarzen, Geister von toten Menschen zu sehen, die in ihr altes Land zurückkehren, und hießen sie willkommen.

Das Traumzeit-Gesetz besagt, daß die Lebenden Zeremonien abhalten und den Geistern der Toten helfen müssen; den Weg in den Himmel zu finden, wo die toten Geister leben.

Die Zeremonien brachten die weißgesichtigen Menschen nicht ins Reich des Todes; vielmehr haben die Weißen das Reich des Todes zu den Aborigines gebracht.

Berichte

Nicht um zu verwirren, sondern um aufzuhorchen möchte ich hier einige Berichte aufzeigen. Es gibt Geschehnisse, die wir nicht zu erklären brauchen und auch nicht sollen:

Das Buch "Traumfänger" von Marlo Morgan.

Es ist die Geschichte einer Amerikanerin, die in den 90er Jahren von einem Stamm australischer Aborigines zu einer Ehrung für ihre Arbeit mit jugendlichen Ureinwohnern eingeladen wird. Maro Morgan studierte Medizin und engagierte sich besonders im Bereich der Gesundheitsvorsorge.

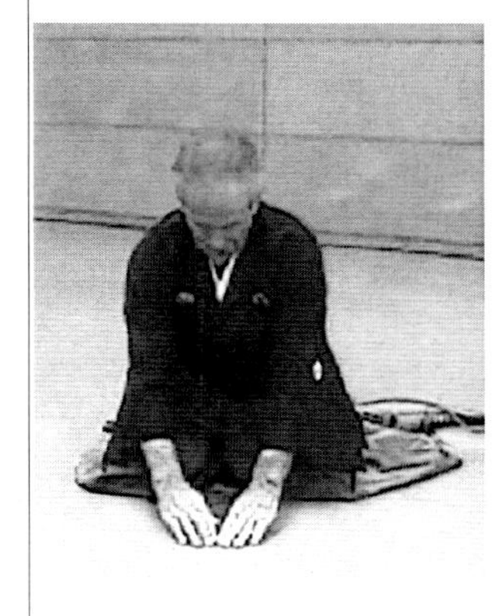

Nach stundenlanger Fahrt durch die Wüste bei dem Stamm der "Wahren Menschen" angekommen, teilt man ihr mit, dass sie auserkoren worden ist, an einem dreimonatigen "Walkabout" - einer Wanderung durch den australischen Busch - teilzunehmen.

Symbole der Aborigines

Marlo Morgan hatte keine andere Wahl, als dieser Einladung zu folgen, denn ihre Kleider, ihren Schmuck, ihre Papiere haben die Ureinwohner verbrannt. Sie sieht sich ganz neuen Lebensumständen ausgesetzt:

Messerscharfes Gras und Dornengestrüpp malträtieren ihre Füße, ihre Muskeln schmerzen von den kilometerlangen Märschen, und ihre Haut verbrennt in der gleißenden Sonne. Da die Aborigines auf ihrem Walkabout nichts Eßbares bei sich tragen, stehen Ameisen, Eidechsen, Krokodile, Käfer, Känguruhs, Maden und Wurzeln auf der Speisekarte. Aber Marlo Morgan erfährt auch eine unerwartete Bereicherung, denn die Aborigines heißen sie als eine der ihren willkommen und werden zu einfühlsamen Lehrern. Die "Wahren Menschen" zeigen ihr, was es bedeutet, die Begabung und die Talente, die in jedem Menschen stecken, zu achten und zu fördern. Und sie lernt, dass diese Menschen seit über 50.000 Jahren in einer einzigartigen Harmonie mit der Natur leben und dieser mit Ehrerbietung gegenübertreten.

Eine für mich faszinierende Passage aus dem Buch (Seite 90-93) möchte ich ihnen in ungekürzter Form nicht vorenthalten:

Drahtloses Telefon - ..."diesmal trat einer der jüngeren Männer ins Zentrum des Halbkreises. Man erklärte mir, dass er sich angeboten habe, an diesem Tage eine besondere Aufgabe zu übernehmen. Er verließ das Lager schon früh und eilte uns voraus. Nachdem wir mehrere Stunden gewandert waren, sank der Älteste auf die Knie. Alle sammelten sich um ihn, während er mit ausgestreckten Armen und einer leicht schwankenden Bewegung in dieser Haltung verweilte.

Ich fragte Ooota, was die zu bedeuten hatte. Mit einer Handbewegung wies er mich an, ruhig zu sein. Niemand sagte ein Wort, aber in allen Gesichtern stand Spannung geschrieben. Schließlich wandte Ooota sich mir zu und erklärte, der junge Kundschafter hätte uns gerade eine Botschaft geschickt. Er bat um Erlaubnis, einem Känguruh, das er gerade erlegt hatte, den Schwanz abschneiden zu dürfen. Langsam dämmerte mir, warum es immer so ruhig war, wenn wir wanderten. Diese Menschen verständigten sich die meiste Zeit lautlos mit Hilfe einer Art Telepathie. Jetzt hatte ich es mit eigenen Augen gesehen. Es war nicht das geringste Geräusch zu hören, aber es wurden Botschaften zwischen Menschen ausgetauscht, die zwanzig Meilen voneinander entfernt waren. " Warum will er dem Tier den Schwanz abschneiden?" fragte ich. "Weil der Schwanz der schwerste Körperteil des Känguruhs ist, und unser Mann ist zu krank, um das ganze Tier zu tragen.

Es ist größer als er selbst, und er hat gesagt, dass das Wasser, das er unterwegs gefunden und getrunken hat, faul war. Sein ganzer Körper ist jetzt überhitzt, und auf seinem Gesicht haben sich Perlen von Flüssigkeit gebildet."......Es war wirklich bemerkenswert. Wenn ich nicht alles mit eigenen Augen gesehen hätte, ich hätte es selbst nicht geglaubt. Vor allem ihre Verständigung über Telepathie war für mich kaum faßbar. Ich redete mit Ooota über meine Eindrücke.

Er lächelte und sagte: "Jetzt weißt du, wie ein

Ureinwohner sich fühlen muss, wenn er das erste Mal in die Stadt geht und sieht, wie ein Mensch eine Münze in einen Telefonapparat steckt, eine Nummer wählt und dann mit einem Verwandten zu reden beginnt. Er kann es einfach nicht glauben."

"Ja", erwiderte ich. "Das Telefon ist sicherlich auch keine schlechte Erfindung, aber hier draußen, wo wir weder Münzen noch Telefonzellen haben, funktioniert eure Methode bestimmt besser." Ich wußte schon jetzt, dass die Leute zu Hause mir meine Geschichten über telepathische Verständigung wohl nicht glauben würden. Sie konnten zwar ohne weiteres akzeptieren, dass überall auf der Welt die Menschen grausam zueinander sind, aber dass es auf dieser Welt auch Menschen geben soll, die keinen Rassismus kennen, in völliger Eintracht und Harmonie zusammenleben und ihre eigenen Talente und Begabungen nicht mehr und nicht weniger schätzen als die ihres Nächsten, würden sie mir wohl nicht abnehmen.......

Das Wasserfall-Bad

Mit 41 Jahren rechnete Oscarpreisträgerin Nicole Kidman sich keine Chancen mehr aus, schwanger zu werden. Umso größer war die Überraschung, als sie doch eine Tochter bekam. Sie ist sich sicher, sie verdankt ihr Glück einem Wasserfall.

Während der 2007 durchgeführten Dreharbeiten zu dem Film "Australia" ist sie zusammen mit sechs anderen Frauen im Kununurra-Wasserfall in einer kleinen Stadt mitten im Outback geschwommen, sagte Kidman "The

Der geheimnisvolle Aborigine King George (David Gulpilil), aus dem Film "Australia".

Australian Women´s Weekly". Alle Frauen, sie selbst eingeschlossen, seien schwanger geworden.

Nicole ist überzeugt, dass das Wasser eine fruchtbarkeitsfördernde Wirkung hat: "Sieben Babys wurden bei diesem Film empfangen. Da ist etwas in dem Wasser, weil wir alle in den Wasserfällen schwammen. Daher nennen wir es jetzt das "Fruchtbarkeitswasser".

Im Juli wurde Töchterchen Sunday dann geboren. Vor ihrer Ehe mit Keith Urban war Kidman das leibliche Mutterglück versagt geblieben: Während ihrer Beziehung mit Tom Cruise hatte sie eine Fehlgeburt erlitten.

Ehemann Keith Urban widmete ihr noch am Samstag auf einem Konzert ein Liebeslied. Keine 48 Stunden später brachte Nicole Kidman eine Tochter namens Sunday Rose zur Welt.

Wie der Agent der 41-jährigen Schauspielerin in New York mitteilte, wurde das 2,9 Kilogramm schwere Baby am Montagmorgen in den USA geboren. Es ist Kidmans erstes leibliches Kind aus ihrer zweijährigen Ehe mit dem Countrysänger.

Mit ihrem Ex-Mann Tom Cruise adoptierte die Oscar-Preisträgerin zwei Kinder, ein Mädchen und einen Jungen, die mittlerweile im Teeniealter sind.

Kidman wollte ihr Baby dem Vernehmen nach in einer Klinik in Nashville im US-Bundesstaat Tennessee zur Welt bringen. Noch in der Nachzum Sonntag besuchte sie dort ein Konzert ihres Mannes, in dessen Verlauf ihr der Countrystar ein öffentliches Liebesbekenntnis machte.

"Ich widme dieses Lied meiner sehr, sehr, sehr, sehr, sehr schwangeren Frau!", sagte Urban strahlend bei seinem Auftritt. Dann sang er seinen Hit "Better Half" (Bessere Hälfte).

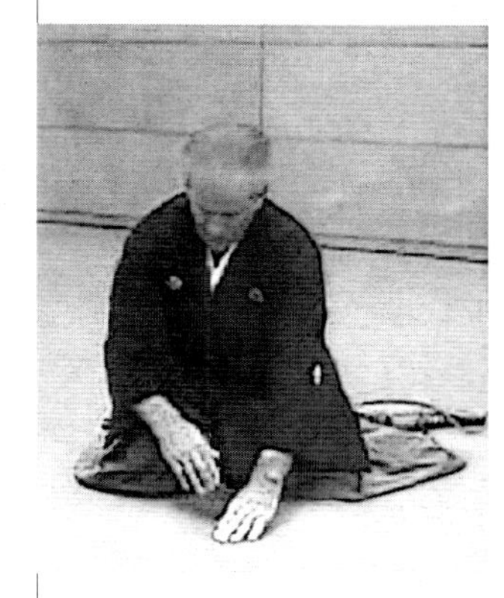

Was mich betrifft, finde ich die Tatsache faszinierend, das es immer wieder, auch in der heutigen Zeit, Bestätigungen gibt, das unerklärbare Dinge immer wieder zu verzeichnen sind. Die Wurzeln dafür findet man auch heute noch bei den Ureinwohnern Australiens. Es ist eine Tatsache, das es eine Verbindung zum Unerklärlichen, zum Metaphysischen gibt.

Die zehn wichtigsten Botschaften der Nangkaris:

1. Spürt das Gras unter euren Füßen, küßt die Erde mit euren Zehen.

2. Achtet die Natur und haltet bewußt Kontakt, nutzt ihre Kräfte , und laßt zu, das sie euch auftankt.

3. Schützt eure Mutter Erde und fügt ihr keinen Schaden zu.

4. Sucht euch euren Platz in der Natur, und nutzt ihn als Kraftplatz, um euch zu heilen, wenn ihr krank seid.

5. Achtet eure Ahnen, denn sie leiten und schützen euch auf unsichtbare Weise. Außerdem senden sie euch Kraft, wenn ihr es zuläßt.

6. All eure Gedanken sind reine Energie - positive wie negative. Sie entscheiden darüber, was euch als nächstes passiert.

7. Setzt die Energien der Gedanken und Gefühle bewußt ein, um euer Leben so zu steuern, wie ihr es aus tiefstem Herzen spürt.

8. Achtet den Augenblick und genießt ihn, er ist das Beste, was ihr habt, und das Einzige, was vergeht.

9. Verhaltet euch zum Wohle aller, und laßt nicht davon ab, der Melodie des Herzens und der Liebe zu lauschen und ihr zu folgen.

10. Wendet alte schamanische Techniken der Reinigung an, um euch von Altem zu lösen, damit Neues entstehen kann und ihr zu eurer wirklichen Bestimmung finden könnt.

(Aus dem Buch: Die Medizin der Aborigines von Dr.med. Ingfried Hobert).

Heilrituale der Nangkaris

Seit Jahrtausenden benutzen die Nagkaris, die Heilkundigen der Aborigines ungewöhnliche Heilrituale im Zusammenhang mit äußerst effektiven Heilpflanzen. So gelingt es ihnen Lebensqualität, Wohlbefinden und Gesundheit zu steigern.

Dies ermöglicht ihnen trotz der harten Überlebensbedingungen des Outback ein fröhliches und harmonisches Leben. Kaum ein anderes Volk auf unserer Erde ist mit seinem Land so fest verwurzelt wie die Aborigines.

Zu wenig überzeugend sind die Instrumente der Wissenschaft, um das zu beschreiben, was die Ureinwohner dieses Landes über Jahrtausende an mystischen Kräften erhalten haben.

In den Sprachen der Aborigines gibt es kein Wort für "heilen" und "Heilung" in unserem Sinne. Das liegt auch daran, dass ihnen chronische Krankheiten weitgehendst unbekannt sind oder dass diese Krankheiten nicht von ihnen akzeptiert werden.

Dadurch wird das, was mit "heilen" gemeint ist, umschrieben mit "to make him happy", was soviel bedeutet wie: eine Person wieder froh und glücklich zu machen, so dass die Dinge um sie herum wieder im Gleichgewicht sind.

Die Aufgabe des Buschdoktors ist es, den Patienten auf alle nur erdenkliche Weise wieder "in Ordnung zu bringen". Dabei leitet er den Patienten, indem er Handlungsratschläge gibt, die ein Problem lösen können, oder er schickt seinen Patienten in die Stille, in die Natur oder zu heiligen Orten, um dabei nach Visionen oder Lösungen zu suchen oder sich von Schuld oder anderen schlechten Energien zu reinigen.

Eure Nahrunsmittel sollen
eure Heilmittel sein

(Paracelsus)

Heilmethoden

1. Die Heilkraft der Buschpflanzen
   (Pflanzen, Keime, Früchte, Rinden, Harze)

2. Heilende Körpersäfte
   (Urin, Blut, Muttermilch,)

3. Heilung durch die Kraft der Elemente:
   (Feuer, Wasser, Erde, Luft)

4. Tiere als Arznei
   (Öl vom Emu, Goanna und Fisch, Extrakte)

5. Heilende Rituale
   (Stille, Suggestion, Schamanismus, Askese)

6. Meditation
   (Kraftplatzmeditation,
   Beobachtungsmeditation,
   Kontaktmeditation,
   Energiemeditation,
   Liebesmeditation,
   die Meditation der "summenden Biene")

Brauchtum

Da bei den Aborigines Musikinstrumente hauptsächlich für Ritale Anwendung finden, möchte ich diese auch im Buch anführen.

Das Galegoro - Schwirrholz

Das Galegoro, auch Schwirrholz, ist eines der ältesten Musikinstrumente beziehungsweise Übertragungsinstrumente für Töne. Es gehört zu den Wirbelaerophonen.

Das Galegoro ist ein flaches, meist ovales Stück aus Holz oder Knochen von 15 bis 50 cm Länge mit abgerundeten Kanten, das an einer etwa 1 bis 2,5 Meter langen Schnur im Kreis geschwungen wird. Dabei wird das Holz um sich selbst in Drehung versetzt und die Schnur verdrillt. So entstehen Wirbel und die Druckvariation der Wirbel erzeugt einen tiefen, auf- und abschwellenden Ton, der bei Steigerung der Geschwindigkeit in ein Brummen oder Sirren übergeht.

Sowohl durch die Wirbel als auch durch die Oszillation des Holzes entstehen die Töne. Sein Klang ähnelt keinem anderen Musikinstrument und hängt von der Form des Gerätes und der Drehgeschwindigkeit ab. Durch den auch bei Wind weithin hörbaren Klang kann über große Strecken hinweg mit diesem Instrument kommuniziert werden.

Die Aborigines setzen ihre oft reich bemalten und mit Schnitzereien versehenen Galegoro auch zur rituellen Kommunikation mit ihren Ahnen ein und um ihre Zeremonien zu initiieren. Als eine der bekanntesten politischen

Das Galegoro der Aborigines

australischen Rockbands, die Midnight Oil, in ihrem Song «Diesel and Dust» Töne des Schwirrgeräts einspielten, wurden sie von den Aborigines dafür heftig kritisiert, da diese Töne zu geheiligten Ritualen gehören und diese nicht in Liedern abgespielt werden dürfen.

Ein Anwendungsbeispiel wird im Film Crocodile Dundee II (1988) dargestellt. Hier wird das Schwirrgerät vom Protagonisten als Verständigungsmittel benutzt.

Das Didgeridoo

Das Didgeridoo ist ein obertonreiches Blasinstrument aus der Familie der Aerophone auf dem Tonerzeugungsprinzip der Polsterpfeife und gilt als das traditionelleste Musikinstrument der nordaustralischen Aborigines.

Im traditionellen Zusammenhang wird es meistens aus einem von Termiten ausgehöhlten Stamm lokaler Eukalyptusarten gefertigt und dient als überwiegend rhythmisch eingesetztes Begleitinstrument für Gesänge und Tänze. Die klangliche und rhythmische Vielfalt entsteht durch Kombinationen aus Mundbewegungen, Atemtechnik und Stimmeffekten, basierend auf einem in der Tonhöhe nur leicht variierten Grundton und überblasenen Tönen.

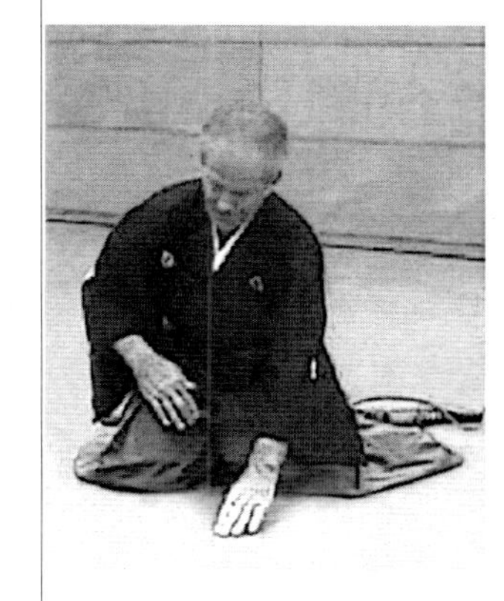

Der Begriff Didgeridoo geht vermutlich auf eine lautmalerische Nachahmung des Klanges oder einer auf diesem Instrument gespielten Rhythmusfolge zurück. Einheimische Spieler aus den Ursprungsgegenden verwenden gesprochene Silben, um Rhythmusfolgen zu üben oder zu internalisieren, die dabei entstehenden Wortgebilde enthalten alle phonetischen Eigenarten des Wortes. Die einheimischen Namen variieren dem jeweiligen Gebiet und auch der Verwendung entsprechend, es gibt mindestens fünfzig davon, zum Beispiel: *djalupu, djubini, ganbag, gunbarrk, gamalag, maluk, yirago, yiraki, yidaki und yedaki.*

Instrumentenkundlich steht das Didgeridoo von der Art und Weise der Tonerzeugung her (Lippen als Tongenerator, Röhren als Verstärker) den Blechblasinstrumenten nahe. Als einziges dieser Instrumente wird es auf dem Grundton, das heißt auf der ersten beziehungsweise tiefsten schwingfähigen Frequenz geblasen.

Das Didgeridoo besteht aus einem 1 m bis 2,50 m messenden Abschnitt eines Eukalyptusstammes, der von Termiten ausgehöhlt wurde. Die licht- und temperaturempfindlichen Termiten beschränken sich hierbei auf das extrem harte und trockene Kernholz des noch lebenden Baumes und meiden das Feuchtigkeit führende Splintholz, das für sie vermutlich auch toxisch wirkt.

Das Mundstück besteht lediglich aus einem Wachsring zum Schutz der Lippen, der bei günstig gewachsenen oder gut verarbeiteten Instrumenten auch fehlen kann.

Vereinzelte Exemplare für besondere zeremonielle Funktionen sind aufwändig bemalt; diese Art der Bemalung wird inzwischen jedoch meistens speziell für den touristischen Verkauf angefertigt.
Auf Grund der einfachen Bauweise und des touristischen Wertes werden viele Didgeridoos

inzwischen in rationalisierter Massenbauweise im außeraustralischen Ausland gefertigt, zum Teil aus anderen Materialien wie zum Beispiel aufgebohrtem Teakholz und Bambus, unter anderem auch in Indonesien, von wo aus sie auch nach Australien reimportiert werden.

Ein wichtiges klangbildendes Element ist eine schwingende Luftsäule. Die Länge und Form dieser Luftsäule beziehungsweise die Abfolge verschiedener Volumina, gebildet durch Verengungen, Aufweitungen, Fraßspuren und so weiter ist entscheidend für die Klangcharakteristik, die Tonhöhe und Spielbarkeit des Grundtones und der überblasenen Töne des jeweiligen Instrumentes. Die physikalischen Grundlagen, die für den individuellen Klang eines Didgeridoos bestimmend sind, wurden in letzter Zeit hinreichend beschrieben, so dass inzwischen Simulationen und Analysen von Didgeridoos möglich sind.

Die pittoreske Nachahmung von Tiergeräuschen, Dingobellen, Kängurusprünge, das Lachen des Kookaburra und ähnlichem wird gelegentlich dem Kontakt mit Weißen zugeschrieben, die die tierimitierenden Elemente innerhalb traditioneller Rhythmen ohne ausreichende Vorbildung nicht wahrnehmen können.

Durch die Technik der Zirkularatmung können die Klangelemente ohne Atempause nahtlos aneinander gefügt werden. Bei der Zirkularatmung wird die Luft aus dem Mundraum herausgedrückt, während durch die Nase eingeatmet wird.
Das Didgeridoo wird traditionell meistens sit-

zend oder hockend gespielt, wobei das Ende am Boden aufliegt. Oft klopft der Bläser mit den Fingern oder mit einem Klangstab (Clapstick oder "Bilma") rhythmische Figuren dazu.

Der Ayers Rock - Uluru

Der Ayers Rock - Uluru befindet sich im Zentrum Australiens, knapp 500 km von Alice Springs entfernt. Er liegt im Uluru-Kata Tjuta Nationalpark.

Der Uluru, wahrscheinlich der berühmteste Monolith Australiens, ragt an seinem höchsten Punkt 348 Meter in die Höhe. Ein Großteil des Felsens befindet sich jedoch, wie bei solchen Felsen üblich, unter der Erde. Seine rote Farbe, durch die der aus Arkose-Sandstein bestehende Felsen weithin sichtbar ist, verdankt er seinem hohen Eisengehalt.

"Uluru" bedeutet in der Sprache der Ureinwohner soviel wie "schattiger Platz". Seinen europäischen Namen "Ayers Rock" bekam der Uluru erst im Jahr 1873. Zu dieser Zeit wurde er nach dem Premierminister Australiens, Henry Ayers, benannt.

Obwohl durch die Kombinationen aus Stimme und Obertönen bewusst melodische Elemente eingesetzt werden, ist das Didgeridoo in erster Linie ein Rhythmus-Instrument.

Inzwischen geht man davon aus, dass dieses Instrument zunächst nur im äußersten Norden von Australien, in Arnhemland, gespielt wurde. Die ersten derzeit bekannten Hinweise für das Vorkommen des Didgeridoos sind ungefähr 2500-3000 Jahre alte Felsmalereien.

Ob das Instrument davor schon bekannt war, lässt sich nur spekulieren. Äußerungen aus der Aboriginal-Mythologie, die das Instrument auf den "Anbeginn der Zeit" datieren, sind die Ursache für Altersspekulationen von über 40.000 Jahren.

Die vom Digeridoo erzeugten Töne werden als die Vibrationen der mystischen Regenbogenschlange interpretiert, die sie erzeugte, als sie auf ihrem Weg aus dem Ozean den australischen Kontinent mit seinen Bergen und Tälern formte. Die Regenbogenschlange wird dabei als Symbol der Weisheit interpretiert.

Das Musizieren mit dem Didgeridoo ist ein ausgezeichnetes Training für Hals-, Mund- und Atemmuskulatur. Es gibt Hinweise, dass sich die weit verbreitete Schlafapnoe (nächtliche Atemstillstände) dadurch bessern kann.

Abbildung einer Eidechse in typischer Aborigines Art mit Dot- und Rhark-Bemalung

Weiterhin besteht die Möglichkeit, dass das Spielen des Didgeridoos das Schnarchen mindern kann.

Das Gumleaf

ist ein sehr einfaches "Musikinstrument".
In Australien ist Gumleaf traditionell eine Musik der Aborigines, aber es gibt mittlerweile auch Weiße, die diese Musik beherrschen. Zur Erzeugung dieser Musik werden Eukalyptusblätter verwendet.
Eine Methode ist es Gumleaf-Töne zu erzeugen, wenn das Blatt quer zwischen die Lippen gehalten wird, um es durch Luftstöße zu bewegen. Bei der anderen Methode, die normalerweise angewendet wird, wird das Blatt mit zwei Händen und den Zeige- und Mittelfingern vor die Unterlippe gepresst und durch Luftstöße in Vibration versetzt. Dabei entstehen Töne, die nur dem Gumleaf eigen sind.

Das genaue Alter, auf diese Art Musik zu erzeugen, ist nicht bekannt; sie könnte allerdings sehr alt sein. Erste Berichte über Gumleafmusik gibt aus den späten 1800er Jahren. Im 20. Jahrhundert breitete sich die Gumleaf-Musik im Südosten Australiens aus. Besonders anerkannt und beliebt war diese Art Musik im Westen zwischen den Jahren von 1920 bis 1940.

Ich kenne diese Art Musik zu machen aus meiner Kindheit. Wir nahmen dazu einfach einen Grashalm zwischen die beiden Daumen.

Welches Kind kann und kennt das heute noch?

Die vierte Dimension

Die vierte Dimension bedeutet für mich das Unfaßbare, Übersinnliche, ohne Zeit und Raum, das Ureine, es ist eine metaphysische Dimension.

Die Schamanen

Schamanen sind "Seher" mit besonderer Kraft und können willentlich einen veränderten Bewusstseinszustand erreichen. Innerhalb dieses Zustandes reisen sie in nichtalltägliche Welten, um dort für sich und den Klienten Wissen und Kraft zu erlangen.

Neben dem Häuptling war der Medizinmann die herausragendste Persönlichkeit innerhalb eines Stammes. Das Wort stammt aus der Sprache der Chippewa und lautet im Original "Medewiwin". Die europäischen Einwanderer leiteten schließlich daraus das Wort "Medizinmann" ab.

Obwohl der Ausdruck darauf schließen lässt, war der Medizinmann keineswegs nur für die Heilung von Kranken und die Behandlung von Wunden zuständig. Er war vielmehr der Mittler zwischen dem Übersinnlichen und dem Weltlichen, sowie Überlieferer von Brauchtum und Sitten.

Der Medizinmann stand mit den Geistern und mit den Seelen Verstorbener in enger Verbindung, und vertrieb mit Hilfe seiner Zauberkraft böse Geister. Dazu versetzte er sich durch rituellen Tanz in Ekstase oder in Trance, wobei das letztere auch häufig durch Drogen hervorgerufen wurde.

Davor möchte ich abraten, denn die Gefahr des Missbrauches ist zu groß und kann schwerste Folgen nach sich ziehen. Gerade in der heutigen Zeit, wo Drogen "in" sind.

Der Schamanismus

Schamanismus ist das älteste Wissen über die verborgenen Kräfte des Universums. Seit Jahrtausenden wirken Schamanen bei den Naturvölkern aller fünf Kontinente als Heiler, Zauberer, Wahrsager, Weise und Künstler.

Sie trommeln und tanzen sich in Trance, gehen auf Jenseitsreisen, rufen Geister als Verbündete und heilen mit den verborgenen Kräften der Natur. Sie sind Mittler und Boten der alles belebenden und beseelenden Schöpferkraft.

Die Erde ist ihre Mutter, die Tiere sind ihre Geschwister, die Pflanzen und Steine ihre Verwandten, die Ahnen ihre Ratgeber. Feuer und Wasser sind ihre Medizin. Sie singen die Botschaften des Windes. Wo sie ihre Rituale feiern, treffen sich die Kräfte aller Himmelsrichtungen. Schamanen sind Brückenbauer zu verborgenen Wirklichkeiten, sie bringen den kranken Menschen verlorene Lebenskraft zurück und begleiten die Seelen der Verstorbenen ins Jenseits. Auf der schamanischen Reise begeben Sie sich in eine Nichtalltägliche Wirklichkeit.

Das Wort Schamanismus kommt vermutlich aus dem Sibirischen. Es gibt verschiedenen Übersetzungen dafür. Eine lautet "Der, der in der Dunkelheit sieht". Eine andere lautet "mit Hitze und Feuer arbeiten". Beide Übersetzungen passen zum Schamanen, denn zuerst besteht seine Aufgabe darin, ein mögliches energetische Ungleichgewicht und Energieblockaden zu erkennen und dann entsprechend zu lösen und transformieren.

Übersinnliches

Als übersinnlich bezeichnen wir gerne Situationen, mit denen wir nicht zurechtkommen können oder wollen. Wenn wir aber auf unserem Weg schon sehr weit vorangeschritten sind, öffnet sich unser Horizont und wir sind feinfühliger und aufnahmebereiter. Wir haben nun die Möglichkeit, das Tor zu den Phänomenen und Mysterien zu öffnen:

1. Der Zufall
2. Synchronizität
3. Déjà vu
4. Telepathie
5. Esoterik
6. Alchemie
7. Parapsychologie

1. Der Zufall

Vom Zufall spricht man dann, wenn für ein einzelnes Ereignis oder das Zusammentreffen von mehreren Ereignissen keine Erklärung gegeben werden kann.

"Es fällt einem etwas zu"

Ich habe die Erfahrung gemacht, das es keine wirklichen Zufälle gibt.

In allem Geschehen ist für mich eine Absicht erkennbar. Deswegen ist für mich der Ausdruck Synchronizität geeigneter.

2. Synchronizität

Synchron bedeutet gleichzeitig. Unter Synchronizität versteht man das Phänomen, dass zwei Geschehen zeitlich zusammentreffen, ohne dass sie die gleiche Ursache haben. Das Modell der Synchronizität möchte eine Brücke schlagen zwischen dem Außen und der Psyche des Menschen.
Begriff und Konzept der Synchronizität wurde von C.G. Jung in die wissenschaftliche Diskussion und Praxis der Psychotherapie eingeführt. Das Synchronizitätsprinzip erweist sich als ein noch längst nicht erforschtes Thema, welches Persönliches und Kosmisches verbindet und dadurch ganz praktisch für vielfältige Zwecke angewendet werden kann.

Synchonizitäten stehen häufig mit Phasen der Wandlung im Zusammenhang. Wenn wir anfangen, Synchronizitäten in unserem Leben zu bemerken, heisst das zuerst schon, dass wir anfangen, magisch zu denken, denn normalerweise werden diese Geschehnisse als Zufälle gedeutet.

Der spirituelle Mensch kann diese Energien irgendwann auch nutzen, indem er durch bestimmte Rituale oder Willenskraft die Voraussetzungen für synchrone Geschehnisse schafft.

Da ich immer häufiger Synchronizitäts-Erlebnisse habe, möchte ich gerne davon zwei Geschehnisse erzählen:

"Vor einigen Jahren lud ich meine drei Meister aus Japan nach Österreich ein, um mit ihnen einen einwöchigen Lehrgang zu organisieren. Ich kannte einen japanischen Mönch, der in Wien eine Pagode leitetet und von dem ich auch zu Medidationen eingeladen wurde.

Kurz und gut kam mir der Gedanke, meine japanischen Gäste zu ihm in die Pagode einzuladen, wo der Mönch zugleich auch wohnte. So könnten meine Gäste aus Japan mit ihm Tee trinken und sich in ihrer Sprache unterhalten.

Als ich mein Auto vom Service holen wollte, fuhr ich mit der U-Bahn zur Werkstätte, wobei ich erwähnen möchte, das ich üblicherweise kaum mit der U-Bahn unterwegs bin.

Als die U-Bahn in die Station einfuhr, ging ich zu einer der sich geöffneten Türen und siehe da, der Mönch stand mir genau gegenüber und lächelte mich an.

Genau auf die Sekunde, genau im selben Waggon. War das Zufall? Für mich nicht.

So konnte ich gleich mit dem Mönch den Termin fixieren und tatsächlich kam es zum Zusammentreffen wie geplant".

Seit ungefähr 5 Jahren unterrichte ich in einer Schule in Wien 20 Iai-jutsu.
Jedes mal ärgerte mich das kratzende Geräusch, das beim Öffnen der Eingangstüre entstand.

Um dem ein Ende zu bereiten, begab ich mich mit Schmierfett ausgerüstet, zum Iai-Unterricht. Und siehe da, die Türe war geschmiert. Kein kratzendes Geräusch war zu hören.

3. Déjà vu

Der Begriff stammt von Emile Boirac (1851-1917), der sehr an übersinnlichen Phänomenen interessiert war.

Déjà vu (französisch, für schon einmal gesehen) ist das unheimliche Gefühl oder die Illusion, man habe etwas, das man zum ersten Mal wahrnimmt, schon einmal gesehen oder erlebt. Wenn wir davon ausgehen, dass die Erfahrung tatsächlich auf einem erinnerten Ereignis beruht, dann tritt déjà vu vermutlich auf, weil eine ursprüngliche Erfahrung nicht vollständig erfasst wurde. Falls dies zutrifft, scheint es höchst wahrscheinlich, dass die gegenwärtige Situation die Erinnerung an ein Fragment aus der eigenen Vergangenheit auslöst. Dieses Erlebnis kommt einem vielleicht unheimlich vor, wenn die Erinnerung so bruchstückhaft ist, dass keine soliden Verbindungen zwischen dem Bruchstück und anderen Erinnerungen aufgestellt werden können.

4. Telepathie

Telepathie ist Kommunikation durch gedankliche Übertragung. Es klingt schon unglaublich - Menschen können sich alleine mit der Macht ihrer Gedanken verständigen. Jeder Mensch hat die Fähigkeit telepathisch zu kommunizieren. Viele Naturvölker wie die Indianer oder Aborigenes "sprechen" seit Urzeiten untereinander durch Gedankenübertragung.

Wir in der westlichen Welt haben das Wissen, wie eine telepathische Übertragung funktioniert vergessen, aber dies kann wieder aktiviert werden.

Es ist wissenschaftlich bewiesen, dass alles Leben und die Materie aus energetischen Schwingungen besteht. So gilt es jetzt nur noch, sich auf diese Schwingungen oder Frequenzen einzustellen, um miteinander kommunizieren zu können. Wer kennt nicht den "Zufall", dass in dem Moment, wo man den Hörer in die Hand nehmen möchte um jemanden anzurufen, dieser exakt zu dieser Zeit anruft? Zufall? - Nein!

Wir haben nur soeben den Gedanken und Absicht ausgesendet ihn anzurufen. Die Übertragung hat tadellos funktioniert! Oder etwa nicht? Auch Gedanken und Gefühle bestehen aus Schwingungen und können über weite Strecken übertragen werden egal wohin und an wen. Das Problem, das wir mit der Telepathie haben, ist, dass es weder wiederholbare Experimente gibt, noch dass es eine Theorie gibt, mit der man Telepathie erklären könnte und die auch Vorhersagen zu diesem Thema machen kann. Leider. Es bleiben nur statistische Überbleibsel übrig.

Einen Beweis dafür fand die Amerikanerin Marlo Morgan in Australien, als sie an einem Walkabout der Aborigines teilgenommen hat (wie auf Seite 103 beschrieben).

Man sagt den Naturwissenschaft immer eine Arroganz gegenüber okkulten und esoterischen Phänomenen nach. Diese Arroganz ist aber nicht vorhanden. Wenn ein Naturwissenschaftler morgen nachweisen kann, dass es überirdische Phänomene gibt, so wird er nächsten Dezember nach Stockholm zur Nobelpreisverleihung eingeladen.

5. Esoterik

Ist in der ursprünglichen Bedeutung des Begriffs eine philosophische Lehre, die nur für einen begrenzten „inneren“ Personenkreis zugänglich ist – im Gegensatz zu Exoterik als öffentlichem Wissen. Andere traditionelle Wortbedeutungen beziehen sich auf einen inneren, spirituellen Erkenntnisweg, etwa synonym mit Mystik, oder auf ein „höheres“, „absolutes“ Wissen. Daneben wird der Begriff in freier Weise für ein breites Spektrum verschiedenartiger spiritueller und okkulter Lehren und Praktiken gebraucht.

6. Alchemie

Die Alchemie ist ein alter Zweig der Naturphilosophie und wurde im 17./18. Jahrhundert nach und nach von der modernen Chemie und Pharmakologie abgelöst. Oft wird angenommen, die "Herstellung" von Gold und anderer Edelmetalle sei das einzige Ziel der Alchemisten; die Adepten der großen Alchemisten sehen diese Transmutation jedoch eher als Nebenprodukt einer inneren Wandlung.

Unter Transmutation versteht man die Umwandlung von Atomkernen in andere Nuklide beispielsweise durch Kernreaktionen.

Bei der Umwandlung der Metalle gab es einen praktischen Teil, der den sorgfältigen Umgang mit den Destillations-, Extraktions-, Sublimationsapparaturen voraussetzte, sowie eine theoretische, religiöse Komponente. Während dieser Umwandlungen sollte sich auch die Seele des Alchemisten läutern und den Mikrokosmos im Makrokosmos widerspiegeln.

Die Himmelskörper bestimmten in früherer Zeit das Leben der Menschen. Die Verknüpfung von Himmelskörpern mit bestimmten Metallen kannte bereits die babylonische Philosophie. So standen die Metalle auch für Himmelskörper:

das Gold für die Sonne, das Silber für den Mond, das Eisen für den Mars, das Kupfer für die Venus, das Quecksilber für den Merkur. Jedes Metall stand nun gleichzeitig auch für den Zustand der Seele. In der griechisch arabischen Alchemie waren die Urelemente Erde, Wasser, Luft und Feuer nach Empedokles bekannt, die für alle Umwandlung verantwortlich waren. Ebenso gab es nach Aristoteles vier Ureigenschaften (warm - kalt, trocken - feucht) die auch eine Entsprechung in der Alchemie hatten.

Unter dem Stein der Weisen verstanden die Alchemisten eine besondere Tinktur, heute würde man dazu Katalysator sagen, der die Umwandlung eines unedlen Metalles zu Gold oder Silber ermöglicht.

Die Gegensatzpaare Körper - Geist, Mikrokosmos - Makrokosmos, Schwefel - Quecksilber, Wasser - Feuer, Erde - Himmel, warm - kalt, trocken - feucht musste der Alchemist so einsetzen, dass sein Großes Werk den Mikrokosmos, den Makrokosmos, die chemischen Elemente, das Himmelsgewölbe, die eigene Seele, die Mitwelt läuterte.

Alchemisten hatten gegenüber Außenstehenden ein strenges Schweigegebot bezüglich ihrer Kenntnisse. Sie bedienten sich einer verschlüsselten Fachsprache, die für Uneingeweihte nicht lesbar war. Viele Geheimnisse wurden nur mündlich den vertrauenswürdigsten Schülern der Alchemie anvertraut. Erst ab 1539 erschienen die ersten Wörterbücher von C. Gesner und A. Libavius für Alchemisten, um das Wissen einer breiteren Zahl von Forschern zugänglich zu machen.

7. Parapsychologie

Die Parapsychologie versteht sich selbst als wissenschaftlicher Forschungszweig, der angebliche psychische Fähigkeiten und ihre Ursachen sowie ein mögliches Leben nach dem Tod untersucht.

Die Mehrheit der Wissenschaftler erkennt die Existenz solcher ungewöhnlichen Phänome jedoch nicht an und bezeichnete daher die Parapsychologie als eine Pseudowissenschaft.

Die Bezeichnung "Parapsychologie" wurde 1889 von dem Psychologen Max Dessoir in einem Beitrag in der Zeitschrift Sphinx eingeführt.

Die parapsychologischen Experimente benutzten Zufallsgeneratoren für den Versuch, Psychokinese und Präkognition nachzuweisen. Psychokinese, bezeichnet eine Bewegung oder Ortsveränderung von Gegenständen, die durch rein geistige Einwirkung hervorgerufen sein soll. Ein wissenschaftlich nachvollziehbarer Nachweis oder Wirkungszusammenhang ist nicht erbracht worden.

Präkognition ist die Bezeichnung für die angebliche Vorhersage eines Ereignisses oder Sachverhaltes aus der Zukunft, ohne dass hierfür rationales Wissen zum Zeitpunkt der Voraussicht zur Verfügung gestanden hätte. Präkognition wird neben Telepathie und Hellsehen in der Parapsychologie als Außersinnliche Wahrnehmung betrachtet.

Psi, der griechische Buchstabe, der in der Parapsychologie für außersinnliche Wahrnehmungen oder andere übersinnliche Fähigkeiten benutzt wird.

Die Erleuchtung

Zu betrachten ist dabei der brahmanische Glaube an das Ureine, das sich vom konkreten Leben abhebt, als absolut angesehen wird und von dem aus alles zu bewerten ist.

Das Ureine ist dabei das Ungeteilte, woraus notwendig folgt, dass es ohne Eigenschaften sein muss, denn um Eigenschaften definieren zu können, bedarf es des Vergleiches. Dieser ist nur möglich, wenn mehrere Elemente gleicher Art vorhanden sind, also eine Teilung vorliegt. Die Erleuchtung: den Kreislauf der Wiedergeburten durchbrechen.

Die Erleuchtung verursacht demnach den Einbruch des Kreislaufes der Wiedergeburten, bei dem ein unaufhörlicher Bewusstseinsstrom fortsetzt. Einer Seele im christlichen Verständnis ähnlich wäre im Buddhismus eine Summe geistiger Faktoren, die allerdings einem Wechsel unterworfen sind, so dass beim Übergang zweier Existenzen eben nicht von ein und demselben Wesen ausgegangen werden darf.

"Erleuchtung ist etwas, das "unterwegs" geschieht. Oder auch nicht".

Das Wort Erleuchtung wird meist als ein mystisches Erlebnis im Zuge der Praxis eines Glaubens genannt. Religionen waren die ersten Anlaufstellen des Menschen, um seine existenziellen Ängste in den Griff zu bekommen.
Der heutige Mensch will sich eine Erleuchtung durch eine Glaubensrichtung nicht mehr zumuten. Die Religionen mit ihren Dogmen sind träge und verhindern eher die Befreiung. Der Mensch von heute will eher seinen eigenen Weg finden. Und das ist gut so.

Ob er an Gott glaubt oder nicht, ob er körperlich oder geistig übt, ob er sich allmählich oder plötzlich wandelt, wenn er sein Problem gelöst hat, dann wird er es spüren.

Erleuchtung bedeutet zwar für jeden Menschen etwas anderes, aber der Weg dorthin folgt, so meine ich, den ewig gleichen, traditionell überlieferten Strukturen:

Könnten wir weisen den Weg,
Es wäre kein ewiger Weg.
Könnten wir nennen den Namen,
Es wäre kein ewiger Namen.

(Lao-Tse)

Erleuchtung ist etwas, das man mit Worten nicht beschreiben kann, man kann es nur erfahren; erst wenn man die unbekannte Frucht kostet, weis man wie sie schmeckt.

Es stellt sich überhaupt die Frage: "ist das Ziel, erleuchtet zu werden, so überaus wichtig"?

Zwei Möglichkeiten als Methoden zur Selbstbefreiung:

1. Traditionelle Kampfkunst und
2. Meditation Zazen.

1. Traditionelle Kampfkunst

Als Beispiel möchte ich die japanische Schwertkampfkunst Iaijutsu bringen, die ich seit vielen Jahrzehnten beständig ausübe und lehre. Und zwar, aus der Sicht, wie sie sich einem Laien oder Anfänger darstellt. Kata meint einen an einen bestimmten Zweck gebundenen Bewegungsablauf. Es geht darum, das Gezeigte bestmöglichst zu verstehen und nachzuvollziehen.

Die Schule hat eine weitere wichtige Aufgabe: Sie dient dazu, die jeweilige, über Jahrhunderte überlieferte Methode von einer Generation an die nächste weiterzugeben. Der *Deshi* steht dadurch in Verbindung mit der Vergangenheit und der Zukunft, obwohl er in der Gegenwart ist. Eine Möglichkeit zur Selbstbefreiung.

2. Meditation Zazen

Die Beruhigung des Körpers und des Geistes durch "Innenschau" gilt schon seit alter Zeit und über alle Religionen hinweg als brauchbarer Weg, um mystisches Erleben hervorzurufen.

Zazen, eine buddhistische Form der Meditation, schlägt dazu einen harten und direkten Weg ein, der frei von aller Dogmatik ist.

Dazu Zen-Meister Claude Durix:

"die Unbeweglichkeit des Zazen ist vielleicht die höchste Form von Aktivität. Die Stille des Zazen ist, vielleicht, die höchste Form der Sprache. So ist unsere Praxis"

"In der Praxis des Zazen entdecken wir zuerst, dass wir einen Körper haben, dass wir ein Körper sind. Diesen Körper entdecken wir in seiner hervorragenden Würde, in seiner ganzen instinktiven Weisheit. Wir haben ihn oft vergessen, verkannt, wir haben auf ihn nicht achtgegeben, ausser er sandte uns Notsignale in Augenblicken, wo er sich anlässlich eines Mangels, eines Unfalls, einer Krankheit bewusst machte.

Wir empfanden dann sein Dasein als ein dramatisches Ereignis in unserem Leben. Beim Zazen entdecken wir diesen Körper in seiner Gesamtheit, in all seinen Möglichkeiten. Diese Wiederentdeckung ist ein Faktor des Gleichgewichts, des Glücks und der Harmonie."

" Wir müssen ständig alles neu beginnen, nicht nur, um unseren Beruf richtig auszuüben, sondern in allem, was unser Leben ausmacht. Wenn wir in unserem Gefühlsleben der Routine verfallen, sterben Partnerschaft und

Ken Zen Ichinyo

" Schwert und Zen ist das Gleiche"

Claude Durix, geboren 1921, Arzt und Zen-Meister in Marokko, praktiziert seit 1945 diverse japanische Kampfkünste, hält den 4. Dan Kendo, 3. Dan Judo und Iaido, sowie den 2. Dan Aikido.

Er war Teilnehmer an mehreren Kendo-Weltmeisterschaften und ist Mitbegründer der Afrikanischen Judo-Union sowie des Internationalen Kendo-Verbandes.

Bereits 1956 erhielt er seine erste Zen-Unterweisung durch Sengoku-Roshi im Kloster Mampuku-Ji bei Kyoto und gründete die ersten Zen-Dojos auf dem afrikanischen Kontinent in Casablanca, Rabat und Marakesch.

Ich durfte Claude Durix 2003 kennenlernen. Er widmete mir eine selbstangefertigte Kalligraphie mit Bezug auf Iaijutsu.

Familie schnell... So ist es auch in unserer Zazen-Praxis: immer den Anfängergeist haben"

Auf den folgenden Seiten möchte ich die Reden von Claude Durix und Karl Obermayer ungekürzt bringen. Aus Achtung, Respekt aber auch Bewunderung dieser beiden von Spiritualität durchdrungenen Menschen, die mich auf meinem Weg begleiteten:

Mokugyo - Rede von Claude Durix

Mokugyo wird mit zwei chinesischen Zeichen geschrieben, das erste bedeutet Holz und das zweite Fisch. Es schaut wie ein großer Goldfisch aus. Es ist ein sehr bemerkenswertes Instrument, das man in allen Zen-Klöstern findet. Es wird zur Rhythmusangabe gebraucht, wenn man die Sutren rezitiert, die "Unterweisungstexte". Den richtigen Rhythmus zu finden ist wichtig im Leben, aus diesem Grund ist das Mokugyo für alle eine wertvolle Hilfe.

Vor einigen Jahren, zu einer Zeit, wo es für einen Ausländer unmöglich war nach China einzureisen, wollte ich wissen ob Zen (auf chinesisch Ch´an), das in diesem Land im 5. Jahrhundert entstanden war, die Revolutionen und die Kriege des 20. Jahrhundert überlebt hatte.

Überall wo ich diese Frage gestellt hatte, in Japan, in Korea, hatte man mir nichts Genaueres sagen können und nur ganz vage Vermutungen geäußert : "Es scheint noch einige in den Bergen verborgene Klöster zu geben, aber wir haben keine Nachricht..."
Ganz durch Zufall hatte ich durch Freunde

erfahren, die in Hong-Kong wohnten, dass es auf einer Insel, die der "Kolonie" unterstand, ein großes chinesisches Ch´an-Kloster gab, das voll Leben war, das Kloster des "Kostbaren Lotus" auf der Insel Lan-Tao.

So landete ich eines Morgens im Mai, ich glaube es war 1974, im kleinen Fischerhafen von Lan-Tao, der größten und der am wenigsten bevölkerten Insel des Staatsgebietes von Hong-Kong, damals noch unter britischem Mandat.

Das Kloster vom "Kostbaren Lotus" war ziemlich weit vom Hafen entfernt. Man musste einen alten Bus nehmen, der die Pilger über eine schlechte Straße mit nur einem Fahrstreifen zum Berg führte, so dass der Fahrer jedesmal mit geschickten Manövern ausweichen mußte, wenn man einem anderen Fahrzeug begegnete. Letztendlich gelangte man auf einen freien Platz, der einem Marktplatz ähnlich war, wo einige Ziegenherden und einige klapprige Busse wie jener, der mich hierhergebracht hatte, standen. Dann musste man noch ziemlich lange zu Fuß gehen, um endlich zum Tor des Klosters zu gelangen.

Der Abt empfing mich mit großer Herzlichkeit. Er redete Englisch. Er zeigte mir mein Zimmer, eine Mönchszelle mit einem Stahlbett, das von einem Moskitonetz umgeben war, und gab mir einige Räucherstäbchen, um, wie er sagte, die Gelsen zu verjagen, die in dichten Wolken um uns herumschwirrten.

Dann wurde ich in das Zendo eingeführt, wo die Abendmeditation gerade beginnen sollte. Es war ein großer viereckiger Raum mit ringsum erhöhten Plätzen, auf denen bereits etwa dreißig Mönche nebeneinander mit dem Gesicht zum Raum auf ihren Zafus saßen.

Der Abt ließ mich unter ihnen Platz nehmen und hielt eine kleine Ansprache auf Chinesisch, um mich vorzustellen. Über jeden Mönch hing eine Art Baldachin, von dem sich, wenn man an einer Schnur zog, ein einzelnes Moskitonetz löste, das ihn vollständig umgab. Es war ziemlich seltsam, all diese weißen Moskitonetze zu sehen, darunter die etwas verschwommene schwarze Silhouette eines in der Zazen-Haltung sitzenden Mönches. Nach einer Stunde Meditation wurden die Moskitonetze wieder hinaufgezogen, eine halbe Stunde wurde ein ziemlich rasches Kin-Hin gegangen, dann wurde wieder die Sitzmeditation aufgenommen, die Moskitonetze für eine weitere Stunde gesenkt.

Der Rest des Tages verging in etwa wie in japanischen Klöstern: einfache und strikt vegetarische Kost, Oyu-Tee und warmes Wasser als Getränke; Arbeit in allen Räumen, Küchen, im großen Buddha-Tempel; Instandhaltung des Gemüsegartens und der Gartenanlagen, des Klosters; Zeremonien mit Rezitation der Sutren, frühes Schlafengehen, Aufstehen in der Dämmerung. Die Nacht war voll vom Gesang der Insekten und vom Surren der Gelsen, die vom Räucherwerk und den Moskitonetzen nicht gänzlich vertrieben werden konnten.

Dogen (Lehrer des Zen-Buddhismus einflussreicher Abt) war im 13. Jahrhundert der Schmutz der chinesischen Mönche unangenehm aufgefallen. Ich muss sagen, dass ich bis auf die übelriechenden Abortanlagen (übri-

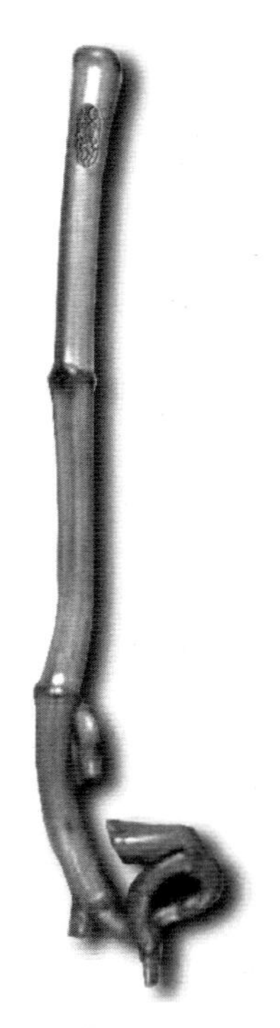

Der Nyoibo

Schnitzwerk im Nyoibo

Der katholische Priester Karl Obermayer wurde von Pater Hugo Enomiya Lassale in die Künste des Zen eingeführt. Praktische Erfahrungen sammelte Karl Obermayer später vor allem bei Nagaya Kiichi Roshi. Seit 1973 lehrt Priester Karl Obermayer Zen.

1996 überreicht ihm Claude Durix in einer schlichten Zeremonie den "Nyoibo", den er von seinem Meister Sengoku Roshi 1959 erhalten hatte. Durch Übertragung seines Nyoibo (Meisterstabes) wurde Karl Obermayer als Zen-Meister bestätig. Dieser Stab stammt von Meister Ingen Zenji, der im 17. Jhdt. das Manpuku-ji Kloster in der Nähe von Kyoto gegründet hatte.

1998 erhielt er von Claude Durix den Mokugyo, eine Art Schlitztrommel, die beim Zazen zum Einsatz kommt.

Der Mokugyo

gens wie früher in den japanischen Klöstern) nicht feststellen konnte, daß die chinesischen Mönche von Lan-Tao sich übermäßig unhygienisch verhielten. Man muss auch sagen, dass sie schon lange unter britischem Mandat standen.

Etwas später, während ich in den Gärten des Klosters spazierenging, fragte ich den Abt, ob auf dem chinesischen Festland noch Ch´an-Klöster in Betrieb waren und ob er Kontakt zu ihnen hätte. Ich fragte ihn auch, ob es wahr sei, so wie man mir das gesagt hatte, dass viele Mönche schwimmend das Territorium von Hong-Kong erreichten und in diesem Kloster, wo wir uns gerade befanden, aufgenommen würden. Die Antwort kam sofort und war kategorisch: "Man darf darüber nicht sprechen!...". Ich ließ mir das gesagt sein und stellte keine so direkten Fragen mehr.

Später ließ er mich aber auf bloße Andeutung hin verstehen, dass es in China tatsächlich noch Ch´an-(Zen-)Klöster gab, die vom Regime verfolgt wurden, und dass geflüchtete chinesische Mönche am Zazen teilgenommen hatten, zu dem ich hier eingeladen worden war. Was ist jetzt aus ihnen geworden ?

Als ich nach einigen Tagen aufbrach, um nach Hong-Kong zu fahren und von dort nach Europa und Afrika, schenkte mir der Abt einen alten Mokugyo, der eben aus einem alten Kloster vom Festland stammte, und der durch einen ehemaligen Mönch auf die Insel Lan-Tao gebracht worden war. Das war alles, was man mir damals darüber sagte, nichts Genaueres.

Aber es ist nicht verboten zu denken, dass dieser Mokugyo dazu bestimmt war, eine Art Verbindungszeichen zu werden, zwischen dem chinesischen Ch´an der alten Zeit, dem japanischen Zen und dem europäischen Zen, so wie wir es hier praktizieren, in der Kontinuität unserer persönlichen Traditionen und im Respekt für jene, die uns in seiner Praxis auf der ganzen Welt vorangegangen sind.

Aus diesem Grund denke ich, dass dieser Mokugyo, der sicherlich eine lange Geschichte hat, zurecht seinen Platz hier finden wird, in diesem Zendo in Wien. Ich bin glücklich, ihn heute Karl Obermayer zu übertragen, so wie ich ihm vor einigen Jahren den *Nyoibo* (Meisterstab) übertragen habe. Ich wünsche Euch, dass er allen noch lange seinen wertvollen Rhythmus schenken wird, damit euer Leben schön, harmonisch, ausgeglichen und voller Spiritualität sei, in der Einheit von Körper und Geist und in der Einheit mit dem Universum.

Und wenn Ihr, dank seiner, alle vereint die "Unterweisungstexte" rezitiert, die unsere Zazen-Einheiten jeweils beschließen, werdet Ihr auch an all jene denken, die in der Welt für ein Weiterleben des Geistes verfolgt wurden und noch werden.

Dankesworte von Karl Obermayer

Lieber Claude,

Wiederum haben Sie mir ein so großes Geschenk gemacht. Seit zwei Jahren darf ich Ihren Nyoibo tragen und so eine lange Tradition, die Sie von Ihrem Meister übertragen bekommen haben, fortsetzten. Ich glaube, heute sagen zu dürfen, dass damit eine neue Dimension in meiner Aufgabe, Zen weiterzugeben, entstanden ist, vielleicht auch ein neuer Impuls, sicher aber eine noch größere Verantwortung. In diesem Herbst werden es 25 Jahre, dass ich mit Erlaubnis von Pater Lassalle ein erstes Einfüh-rungsseminar gehalten habe - ein ganz kleiner Anfang mit 12 Interessierten aus meiner damaligen Pfarrgemeinde. Daraus ist eine ganz schöne Gruppe geworden, wo viele schon lange Jahre konsequent dabei sind. Bestärkt durch die Übertragung des *Nyoibo* und laufende Erweise Ihres Wohlwollens, halte ich den Zeitpunkt für gekommen, dass ich einige, die mich schon jetzt da und dort vertreten haben, öffentlich bestätigen möchte, mich bei der Weitergabe des Zen zu unterstützen.

Dieser Mokugyo ist ein weiteres Zeichen Ihrer Verbundenheit mit unserer Zen-Gemeinde. Seine lange Geschichte und die Art, wie Sie ihn erhalten haben, macht ihn zu einer besonderen Gabe. Bevor ich Sie kennenlernte, hatten wir noch keine Rezitationen bei unserer Praxis. Sie haben hier zum erstenmal mit uns das Hannya Shingyo gesungen - damals noch ohne Mokugyo und uns gelobt, dass es gar nicht so schlecht war.

Allmählich habe ich dann bei den Sesshin Ihre Art des Rezitierens eingeführt und nach anfänglichen Widerständen einzelner ist es heute den meisten eine liebgewordene Praxis. Dabei spielt der Rhythmus eine große Rolle und manche beherrschen es schon recht gut, den Mokugyo zu gebrauchen. - Mit diesem neuen "alten" Mokugyo samt der Geschichte

Ishin Den Shin - Übertragung von Herz zu Herz
Kalligraphie von
Tetsuo Roshi Nagaya Kiichi

seiner Herkunft, wird es noch besser gehen. Vor allem aber wird er uns immer ein Zeichen unserer Verbundenheit mit Ihnen, lieber Claude sein. -- Ein ganz herzliches Dankeschön - i shin den shin!

Pfarrer Karl Obermayer führte mich vor einigen Jahren in die Zen-Praxis ein.

Der Kreis (Enso)

Im Zen-Buddhismus gilt das *Enso* als heiliges Symbol.

Der Kreis *Enso* ist ein Symbol aus der japanischen Kalligraphie, welches in enger Verbindung mit dem Zen-Buddhismus steht. Obwohl *Enso* ein Symbol und kein Buchstabe ist, ist es eine der geläufigsten Zeichnungen in der japanischen Kalligraphie. Es symbolisiert Erleuchtung, Stärke, Eleganz, das Universum und die Leere, kann aber auch die japanische Ästhetik an sich symbolisieren.

In der Philosophie des Zen-Buddhismus stellt das Malen des *Enso* einen Moment dar, in dem das Bewusstsein frei ist und Körper und Geist nicht in ihrem Schaffensprozess eingeschränkt werden. Gewöhnlicherweise wird Tinte mit einem Pinsel in einer Bewegung auf Seide- oder Reispapier aufgetragen. Hierbei gibt es keine Möglichkeit der Abänderung: Das *Enso* zeigt den Zustand des Geistes im Augenblick des Erschaffens.

Viele Zen-Buddhisten glauben, dass sich der Charakter des Künstlers vollständig darin zeigt, wie er das *Enso* zeichnet. Demnach soll nur eine Person, die mental und spirituell vollkommen ist, dazu in der Lage sein, ein wahres *Enso* zu zeichnen.

Das Prinzip, die Balance der Form durch Asymmetrie und Unregelmäßigkeit zu kontrollieren, ist ein wichtiger Aspekt japanischer Ästhetik: "Fukinsei", die Ablehnung der Perfektion.

Der Kreis ENSO - "Mit dem Kosmos eins sein"
Kalligraphie von Tetsuo Roshi Nagaya Kiichi,

Erleuchtungen gibt es nicht nur im Zen. Wir alle erfahren sie zu verschiedenen Zeiten und in kleinen Rationen als verblüffende persönliche Einsichten über unserem Standort im Universum.
Diese winzigen Erleuchtungen erscheinen wie Blitze,
verblassen wieder
und werden durch andere Einsichten vermehrt,
die unseren Weg erhellen.

(aus ZEN-Geschichten für den Alltag von Richard Mc Lean)

Kalligraphie Katsushinken
Schwert, das Frieden erhält

Mein Motto: Lehren von Herz zu Herz.

"Nicht mit dem Kopf denken,
sondern mit dem Herzen"
Du-ich-eins

Damit möchte ich meine Überlegungen, die mich veranlasst haben das Buch zu schreiben, einem Ende zuführen.

Das wollte ich ihnen mit dem Buch nahebringen: überaus vielfältige Informationen und Themen, wobei ich versucht habe, einen Denkansatz für das Unbekannte, das uns umgibt, zu schaffen.

Zu viel Informationen und Wissen können hinderlich sein, seinen Geist zu *Mushin* zu bringen und den Weg stören, den ich ihnen aufzeigen möchte. Deshalb rate ich, von so Vielem wie möglich loszulassen:

Am reichsten
sind die Menschen,
die auf das Meiste
verzichten können.

Für alle Wissbegierigen habe ich im Anhang noch drei Themen angesprochen, die, obwohl sie diametral zueinander stehen, für den Leser von Interesse sein könnten.

Die Weltuntergangsprophezeiungen und Weltuntergangsprognosen, die bereits seit der Antike auf den Weltuntergang hinweisen.

Eine physikalische Sensation, die österreichischen Forschen gelungen ist.

Ein Auszug aus der Omegapunkt-Theorie, welche als End- und Zielpunkt in der theologischen beziehungsweise philosophischen Betrachtung der Evolution verstanden wird. Wem es interessiert, der soll den Anhang lesen. Wem es nicht interessiert,
der kann es sein lassen.

Ich hoffe auch sie werden mit

"...einem heiteren Budo-jin typischen Lächeln durchs Leben gehen".

Ich verbeuge mich respektvoll vor ihnen

Ihr Erwin Steinhauser

5. Anhang

Die Weltuntergangsprophezeiungen

Wir haben sie alle heil überstanden.
Wer noch Genaueres dazu wissen will, im Internet findet man mehr als genug.

Für das Jahr 250
Vom Montanus,christlicher Sektenführer

Für das Jahr 500
Vom Heiligen Hippolytus

Für das Jahr 800
Von diversen christlichen Propheten

Für das Jahr 999
Von Papst Sylvester II

Für das Jahr 1000
Im Johannesevangelium

Für das Jahr 1169
Von Astronomen

Für das Jahr 1186n. Chr.
Vom Astronom Johannes von Toledo
Für das Jahr 1254
Vom Frederick II

Für das Jahr 1260
Vom Abt Joachim von Fiore

Für das Jahr 1420
Von der Böhmischen Taborite-Bewegung

Für das Jahr 1500
Priester Girolamo Savonarola

Auch im Jahr 1500
Vom Maler SandroBotticelli

Für das Jahr 1524
Von diversen Astronomen

Für das Jahr 1532
Vom Reformator Martin Luther

Für das Jahr 1533
Vom Pfarrer Michael Stifel

Für das Jahr 1538
Wieder vom Reformator Martin Luther

Für das Jahr 1541
Wieder vom Reformator Martin Luther

Für das Jahr 1650
Von den "5 Monarchen"

Für das Jahr 1665
Von Shabbetai Tzevi

Für das Jahr 1666
Von Christoph Kolumbus

Für das Jahr 1692
Vom päpstlichen Legaten Pierre d'Ailly

Für das Jahr 1800
Von der Prophetin Suzette Labrousse

Für das Jahr 1814
Von der Seherin Joanna Southcott

Für das Jahr 1844
Vom Babtistenprediger William Milled

Für das Jahr 1864
Von Reverend Edward Irving

Für das Jahr 1874
Von den Zeugen Jehovas

Für das Jahr 1881
Von der Wahrsagerin OldMother Shipton

Für das Jahr 1891
Vom Mormonengründer Joseph Smith

Für das Jahr 1901
Von Reverend Michael Baxter

Für den 17.Mai 1910
Von verschiedenen 'Weltuntergangsexperten'

Für das Jahr 1914
Von Helen Exeter, Gründerin der 'Panacea Society'

Für das Jahr 1953
Vom Buchautor David Davidson

Für das Jahr 1957
Von Pastor Mihran Ask

Für den 22.April 1959
Von der Sekte der Davidaner

Für das Jahr 1960
Von Piazzi Smyth, königlicher Astronom

Für das Jahr 1960.
Von der Sekte des Bruder Emman

Für den 4.Februar 1962
Von der Wahrsagerin Sybille von Prag

Für das Jahr 1969
Von Charles Manson, Kultfigur der Hippies

Für das Jahr 1973
Von David Moses, Gründer der "The Children of God"

Für das Jahr 1975
Von den Zeugen Jehovas

Für das Jahr 1978
Von Jim Jones, Messias der Volkstempler

Nach Erkenntnissen der Astrophysiker bestehen die Ringe des Saturn ausschließlich aus verloren gegangenem Reisegepäck.

(Wernher von Braun)

Für den 28.Juni 1981
Von The Lighthouse Gospel Tract Foundation

Für das Jahr 1981
Von Arnold Murray, Fernsehprediger

Für den 30.Juni 1981
Vom Evangelisten Bill Maupin

Für das Jahr 1982
Von Wim Malgo

Für den Zeitraum 1984-1999
Von Bhagwan Shree Rajneesh

Für das Jahr 1986
Von Moses David

Für das Jahr 1988
Vom amerikanischen Propheten Charles Taylor

Für den 8.Mai 1988
Von Paul Kuhn, Leiter der Michaelsvereinigung

Für den 29.September 1988
Von Hart Armstrong, "Christian Communications"

Für den 28.Oktober 1992
Von Lee Jang Rim, Führer der südkoreanischen Tami Mission Church

Für das Jahr 1993
Von den Davidanern

Für den 24.November 1993
Von Maria Devi Christos, Sektenführerin

Für das Jahr 1994
Von Jo Di Mambro u. Luc Jouret, Führer der Sonnentempler

Für den September 1994
Von Harold Camping, Fernsehprediger

Für das jahr 1996
Von Erzbischof Ussher

Für den 10.April 1997
Von Dan Miller & Bob Wadsworth vom 'Biblischen Astronomischen Nachrichtenblatt'

Für den 25.März 1998
Von der "God's Salvation Church"

Für den Oktober 1998
Von House of Yahweh

Für das Jahr 1999
Von den Adventisten

Für den 11.August 1999
Vom Modemacher Paco Rabanne

Für den 31.Dezember 1999
Von Mike Richardson, Stadtdirektor der neuseeländischen Stadt Christchurch

Für das Jahr 2000 gab es eine ganze Reihe von Untergangs-Prophezeiungen unter anderem von Sir Isaac Newton

Für das Jahr 2002
Von Reverend J.S. Malan

Für das Jahr 2003
Von HäuptlingBlack Eagle Malachi York

Für das Jahr 2005
Vom Evangelisten George Curle

Weitere Weltuntergangsprognosen

Für das Jahr 2012
Von Michael Drosnin, Autor des Buches "Der Bibelcode"

Michael Drosnin, Autor des umstrittenen Buches 'Der Bibelcode', glaubt, in den 5 Büchern Moses eine geheime Botschaft entdeckt zu haben, aus der hervorgeht,das im Jahr 2012 ein Komet auf der Erde einschlagen und alles Leben vernichten wird.

Für das Jahr 2012
Von der Seherin Sakina Blue Star

Die Seherin Sakina Blue Star interpretierte die Sagen der Hopi-Indianer, nach denen die Menschheit schon dreimal vernichtet worden war. Das erste Mal ging die Welt unter, als sich die Achsen verlagerten; das zweite Mal inder Eiszeit und das dritte Mal während der Sinnflut. Nun ist das Ende der 4.Welt gekommen und unser Planet befindet sich momentan in einer Phase der großen Reinigung, die 2012 abgeschlossen sein soll.

Für den 22.Dezember 2012
Nach dem Maya-Kalender

Die Maya hielten dieses Jahr für das Ende ihre letzten Zyklusses, danach wird die Welt vergehen. Die Venus geht im Westen unter, die Pleijaden gehen im Osten auf, gleichzeitig geht die Sonne unter, dafür geht der Orion auf.

Für das Jahr 2076
Von Bede der Ehrwürdige, chr. Theologe

Bede der Erwürdige errechnete im 8 Jahrhundert, das Jesus 3942 Jahre nach Erschaffung der Welt geboren wurde. Die 6000-jährige große Woche würde genau im Jahr 2076 enden.

Einige Sekten erwarten den Weltuntergang im Jahre 1500 des muslimischen Kalenders,im Jahr 2076.

Eine Physikalische Sensation!

Forscher bewegen erstmals Materie mit Licht

Österreichischen Forschern ist ein Aufsehen erregender Durchbruch in der Quantenphysik gelungen: Erstmals konnten sie mechanische und optische Systeme verbinden und ein mechanisches Objekt mithilfe von Licht bewegen. Das ist ein wichtiger Schritt auf dem Weg zu einem Quantencomputer.

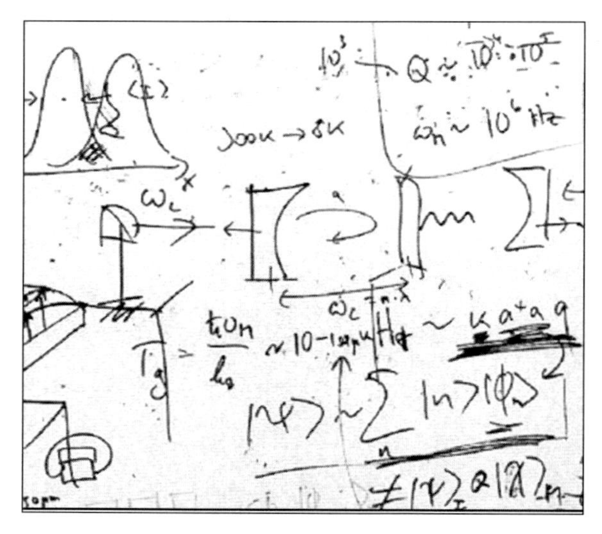

Zeichnungen und Formeln der Innsbrucker Forscher wirken auf den Laien wie Hieroglyphen. Tatsächlich stoßen sie ein neues Tor für die Wissenschaft auf.

Bericht in Welt-Online vom 7.8.2009

Und was bringt uns die moderne Physik?

Die Omegapunkt-Theorie

Abschließend sei die in Kapitel - 2 "Das Jenseits" Seite 96 - erwähnte "Omegapunkt Theorie" angesprochen, deren Wortlaut der Physik der Unsterblichkeit (Moderne Kosmologie, Gott und die Auferstehung der Toten) nach Frank J. Tipler sinngemäss entnommen ist.

Obwohl seine Theorie wegen seiner spekulativen Voraussetzungen und des teleologischen Charakters wissenschaftlich nicht haltbar ist, ist sein Gedankengang, dass jedes System einschließlich des Menschen durch eine endliche Anzahl von Quantenzuständen hinreichend definiert ist und in Zukunft nichtbiologische Trägermedien denkbar sind, auf die die Informationen, die das Leben ausmachen, implementiert werden können, nicht uninteressant.

Tipler vertritt in seinem Buch die Hypothese, dass das Universum beziehungsweise seine intelligenten Zivilisationen, bevor es zum zeitlichen Ende des Universums kommt (Big Crunch), fähig ist, seine Informationsverarbeitungskapazität exponentiell zum Zeitablauf zu steigern.

Er schreibt, dass die "Omegapunkt-Theorie" eine kosmologische sei, die aus der allgemeinen Relativitätstheorie abgeleitet werden kann, wenn eine stetige Entwicklung des Universums vom Urknall bis in die letzte Zukunft gegeben ist.

Die Kosmologie beschäftigt sich mit dem Ursprung, der Entwicklung und der grundlegenden Struktur des Universums (Kosmos) als Ganzem und ist damit ein Teilgebiet sowohl der Physik, der Astronomie als auch der Philosophie. Ihren Ursprung hat die Kosmologie im mythischen und religiösen Bereich.

Die physikalische Kosmologie beschreibt das Universum mittels physikalischer Gesetzmäßigkeiten. Weiterhin muss eine umfassende Kosmologie die insgesamt vorhandene Flachheit (euklidischer raum), die zeitlich unterschiedlichen Strukturen (Strahlung, Quasare, Galaxien), die kosmische Hintergrundstrahlung, die als Expansion des Universums gedeutete Rotverschiebung des Lichts, die numerischen Werte der Naturkonstanten und die Häufigkeit der chemischen Elemente im Universum zusammenfassend beschreiben.

Die in den Einsteinschen Gleichungen offenbleibenden Parameter und Randbedingungen werden dabei aus einer Endbedingung bestimmt, deren wesentliche Aussage darin besteht, dass alle zeitartigen Weltlinien in solcher Weise in einen Raumzeit-Endpunkt einmünden sollen, dass bis in den Endpunkt hinein Leben in einem verallgemeinerten Sinne möglich ist. In diesem "Omegapunkt" sind dann alle durch das Leben gesammelten Informationen vereinigt, weshalb die Eigenschaften dieses Punktes mit dem in den verschiedenen Religionen definierten Gott gleichgesetzt werden können.

Da gleichzeitig gefordert wird, dass diese Informationen unendlich groß werden sollen, ergibt sich daraus die theoretische Möglichkeit der Rekonstruktion sämtlicher im Laufe der Evolution entstandenen und wieder verstorbenen Lebewesen. Diese theoretische Möglichkeit als "Wiederauferstehung der Toten" zu bezeichnen, kann man jedoch für eine stark überzogene Kreation halten.

Die Eroberung des Weltraums

Die Fortsetzung des Lebens bis zum Omegapunkt ist nur möglich, wenn der Mensch - das Leben - die Erde bis spätestens in 900 Mio. bis 1,5 Mrd. Jahren verlässt, weil dann infolge der ständigen Zunahme der Strahlungsleistung der Sonne das Leben auf der Erde nicht mehr möglich sein wird. Wenn das Leben letztendlich den Omegapunkt erreichen soll, muss es schrittweise das gesamte Universum bis zum

Zeitpunkt seiner maximalen Ausdehnung in $5x10^{16}$ bis $5x10^{18}$ Jahren erobert haben.
Aus energetischen Gründen ist das dem Menschen mit seinen Lebensansprüchen natürlich nicht möglich, da wegen der großen Entfernungen und Reisezeiten jede Weltraumstation vollständig autark und riesengroß sein müsste.

Für unbemannte Stationen ist Autarkie möglich, sobald Computer ein Intelligenzniveau erreichen, das dem des Menschen überlegen ist. Die hierfür notwendige Speicherkapazität von 10^{15} Bits bis 10^{17} Bits und eine Rechen-geschwindigkeit von 10^{13} bis 10^{17} Flops erreichen Rechenmaschinen bei der derzeitigen Entwicklungsgeschwindigkeit in den Jahren 2030 bis 2040. Auf solchen Maschinen ist Leben perfekt simulierbar.

Mit Hilfe eines Computers, dessen Intelligenzniveau das des Menschen übertrifft, ist es möglich, einen universellen, sich selbstreproduzierenden Konstrukteur zu bauen. In Nanotechnologie ausgeführt, hätte eine solche Maschine eine Masse von etwa 100 Gramm und könnte bis etwa Mitte des Jahrhunderts zusammen mit einer Rakete, die 0,9 c erreicht, gebaut werden, zu Kosten, die etwa dem 5-fachen des Apollo-Programmes entsprächen.

Eine solche Sonde könnte die Informationskapazität zur Simulation einer ganzen Stadt mit 10000 Einwohnern transportieren, innerhalb von 10 Jahren den nächsten Fixstern erreichen und 20 bis 50 Jahre brauchen, um sich selbst aus den auf einem Planetoiden vorhandenen Materialien zu reproduzieren, aus den mitgenommenen Geninformationen irdisches Leben zu rekonstruieren und eine Kopie von sich selbst zum nächsten, etwa 10 Lichtjahre entfernten Sternsystem zu starten.

Die Kolonisierung der Milchstraße könnte so mit einer Geschwindigkeit von 10 Lichtjahren pro 60 Jahre voranschreiten und nach 600000 Jahren abgeschlossen sein.
Die nächste große Galaxie, der Andromeda-Nebel,

ist 2,7 Millionen Lichtjahre entfernt und kann von der 0,9 c Sonde in etwa 3 Millionen Jahren erreicht und kolonisiert werden, der nächstgelegene große Galaxienhaufen ist 60 Millionen Lichtjahre entfernt und kann in 70 Millionen Jahren erreicht und kolonisiert werden.

Bis zu Entfernungen dieser Größenordnung kann der Nutzlast die erforderliche Fluchtgeschwindigkeit von 0,9 c durch Sonnensegel übertragen werden. Bei größeren Entfernungen muß jedoch berücksichtigt werden, dass wegen der ständigen weiteren Ausdehnung des Universums die relative Geschwindigkeit zu den entfernteren Galaxien mit der Zeit immer weiter abnimmt.

Um das Universum bis zum antipodischen Punkt mit 0.9 c zu durchqueren, müßte die Nutzlast mit der 600000-fachen Energie ihrer Ruhmasse beschleunigt werden, was nur mit einem Antimaterie-Antrieb möglich wäre. Die erforderlichen Kosten für die Beschleunigung einer Sonde mit 100 g Nutzlast würden dann die 10^9-fache Höhe des derzeitigen Bruttosozialprodukts der gesamten Erde erreichen und damit illusorisch sein. Die anfangs mögliche Strategie, eine Sonde von Galaxie zu Galaxie zu schicken, ist aber wegen der fortschreitenden Veränderungen des Universums später nicht weiter verfolgbar. Wenn das Universum seine maximale Ausdehnung nach 10^{16} bis 10^{18} Jahren erreicht, tritt bis dahin folgende Entwicklung des Universums ein:

Nach 7×10^9 Jahren
Die Sonne bläht sich auf und verschlingt die Erde.

Nach 10^{11} Jahren
Galaxien aus Galaxienhaufen verdampfen.

Nach 10^{12} Jahren
Es bilden sich keine neuen Sterne mehr, alle massiven Sterne sind zu Neutronensternen oder zu

Schwarzen Löchern geworden.
Nach 10^{14} Jahren
Die langlebigsten Sterne werden zu Weißen Zwergen.

Nach 10^{15} Jahren
Durch Sternkollisionen werden tote Planeten von toten Sternen getrennt.

Nach 10^{17} Jahren
Weiße Zwerge kühlen zu Schwarzen Zwergen von 5 Grad K ab.

Nach 10^{19} Jahren
Neutronensterne kühlen auf 100 Grad K ab.

Nachdem das Universum nach 10^{18} Jahren seinen maximalen Radius von 10^{18} Lichtjahren erreicht hat, trifft auch ein heute abgesandter Lichtstrahl am antipodischen Punkt ein und bald darauf eine mit durchschnittlich 0,9 c durch das Universum fliegende Sonde. Wenn das Leben nicht zugrunde gehen soll, muß es mit fortschreitender Zeit das Universum umgestalten, die sich abkühlende Materie zerlegen und in solche Biosphäre umwandeln, die dem Leben weitere Evolutionsmöglichkeiten gestattet. Dabei wird alle Materie allmählich in Strahlungsenergie umgesetzt.

Wenn das Universum seine maximale Ausdehnung erreicht hat, beginnt es wieder entsprechend den Einsteinschen Gleichungen zu kollabieren. Dabei erhöht sich die Strahlungstemperatur immer weiter, bis keinerlei Temperaturunterschiede mehr vorhanden sind, die dem Leben zur Energiegewinnung dienen könnten, so dass der Wärmetod eintreten würde.

Hier bietet sich dem Leben nur noch eine Möglichkeit, diesem Schicksal zu entkommen, wenn es durch kohärente Aktionen das Universum veranlassen könnte, nicht gleichmäßig in den drei Raumrichtungen, sondern nur in einer Raumrichtung zu kollabieren. In dieser Richtung würden dann heiße

Stellen im Universum entstehen, die zur Energiegewinnung genutzt werden könnten. Es besteht jedoch nur dann eine Chance, in dieser Weise auf die Kontraktion des Universums Einfluss zu nehmen, wenn das zukünftige Leben das gesamte Universum gleichmäßig besetzt hat und gelernt hat, als Kollektiv ohne zentrale Direktiven, die nicht schnell genug über das Universum gesendet werden könnten, kohärent zu handeln.

Fortschritt oder ewige Wiederkehr und Wärmetod

Nur immerwährender Fortschritt, insbesondere in der Technologie, kann den ewigen Bestand des Lebens bis zum Ende des Universums sicherstellen. Trotz mancher gegenteiliger Auffassungen ist ohne Fortschritt die völlige Auslöschung allen Lebens unvermeidlich. Alle Alternativen laufen auf die in verschiedenen Philosophien und Religionen vertretenen und auf manchen Teilgebieten der Physik abgeleiteten Theorien der ewigen Wiederkehr und auf die aus dem 2. Hauptsatz der Thermodynamik folgende Theorie des Wärmetodes hinaus.

Tipler setzt mit seiner Omegapunkt-Theorie nicht den 2. Hauptsatz der Thermodynamik außer Kraft, sondern fordert am Ende des Universums einen unendlichen Anstieg der Entropie durch Überführung der Scherungsenergie des relativistischen Energie-Impuls-Tensors in freie Energie, die zur unbegrenzten Erhöhung der Informationsentropie verwendet werden kann.

Damit würde die finale Gleichverteilung der Energie verhindert. Auf die naheliegende Frage, inwiefern die Scherungsenergie gegen unendlich gehen kann, geht Tipler jedoch nicht ein.

Die in den östlichen Weisheitslehren und Religionen gängige Theorie der ewigen Wiederkehr tritt in der Physik nur unter sehr eingeschränkten Bedingungen auf, so gilt z.B. Poincare´s Theorem der Wiederkehr in der Newtonschen Mechanik nur unter der Voraussetzung, dass das Volumen des Phasenraumes, in dem der Vorgang abläuft, endlich und beschränkt ist.

Bei einer Markowschen Kette von Ereignissen gilt das Theorem der ständigen Wiederkehr nur für eine endliche Kette von Ereignissen und bei einer unendlichen Markowschen Kette erfolgt eine Wiederkehr erst nach unendlich langer Zeit. In der Quantenmechanik gilt ein Theorem der fastperiodischen Wiederkehr in den gleichen Zustand ebenfalls nur unter der Voraussetzung, dass der Phasenraum des Systems beschränkt ist.

In der auf den Einsteinschen Gleichungen beruhenden Kosmologie gibt es dagegen ein Theorem der Nichtwiederkehr unter der Voraussetzung, dass die Gravitationskonstante überall positiv ist. Aus diesem Theorem folgt die Notwendigkeit des ewigen Fortschritts und vergangene Zustände können global nicht zurückkehren. Das bedeutet aber nicht, dass lokal nicht auch Rückschritt möglich wäre.

Unter Fortschritt in diesem Sinne versteht Tipler die ständige Zunahme der Komplexität des Universums als unbegrenztes Wachstum der verallgemeinerten Entropie in Form der vom Leben codierten Information.

Die klassische Omegapunkt-Theorie

Wenn "Leben" als charakteristische Eigenschaft des Universums diskutiert wird und als solche bis zum Ende der Welt existieren soll, so muß man sich von der rein biologischen Definition lösen.

Tipler definiert in diesem Sinne ein Lebewesen als jedes beliebige Gebilde, das Information (im physikalischen Sinne) codiert, wobei die codierte Information durch natürliche Auslese bewahrt wird. Leben ist demnach eine Art Informationsverarbeitung und der menschliche Geist ein hochkomplexes Computerprogramm, das den Turing-Test bestehen kann.
Solches Leben kann als "ewig" angesehen werden,

wenn es bis zum zeitlichen Ende des Universums existiert. Dabei ist der für das Leben entscheidende Zeitmaßstab ein anderer als der für die kosmologische Entwicklung des Universums maßgebende. Ein im mittel positiv gekrümmtes Universum ist geschlossen und hat in seiner Eigenzeit einen Zeitablauf mit definiertem zeitlichen Endpunkt, an dem es in einer Endsingularität verschwindet.

Für das Leben ist jedoch nicht diese kosmologische Eigenzeit maßgebend, sondern eine Zeit, die durch das fortschreitende Sammeln von Information bestimmt ist. Der Maßstab dieser "entropischen Zeit" ist die Menge der durch das Leben gesammelten Information. Wenn die Geschwindigkeit der Lebens- und Denkprozesse ständig zunimmt, kann die entropische Zeit unendlich werden, auch wenn die kosmologische Zeit einen Endpunkt hat.

In diesem Sinne führt ständiger Fortschritt zum ewigen Leben. Nach der Omegapunkt-Theorie entwickelt sich das Universum gerade so, dass ewiges Leben möglich und Ziel der Evolution ist. Die so geforderte Entwicklung ist nur möglich, wenn folgende Voraussetzungen und Bedingungen gegeben sind, die gleichzeitig im Sinne Poppers als Kriterien für die Prüfung des Wahrheitsgehaltes dieser Theorie anzusehen sind:

1. Das Universum muss geschlossen sein. In offenen und flachen Universen werden die Entfernungen so groß, dass später die für die Informationsverarbeitung erforderliche Kommunikation nicht mehr gewährleistet ist.

2. Das Leben muss das gesamte Universum besetzen und veranlassen, dass zu Beginn der Kontraktion das Universum anisotrop wird.

3. Die Dichte der Teilchenzustände muß gegen unendlich divergieren, aber langsamer als das Quadrat der Energie.

4. Die Masse des Topquarks muss 185 ± 20 GeV und die Masse des Higgs-Bosons muß 220 ± 20 GeV sein. Diese Teilchen müsste man im LHC (Large Hadron Collider) im

CERN 2 Jahre nach der Inbetriebsetzung finden.

Die Massen ergeben sich aus der Bedingung, dass während der Schrumpfungsphase des Universums die vom Leben in Molekülsystemen codierte Information auf ein anderes Substrat übertragen werden muss, nachdem das Universum so weit geschrumpft ist, dass mehrmalige Kommunikation aller Teile des Universums stattfinden kann, aber bevor die Temperaturen so weit angestiegen sind, dass die Molekülbindungen aufgelöst werden.

Hierfür muss außerdem die Größe des Universums zum Zeitpunkt seiner maximalen Ausdehnung in einem Bereich liegen, der gegeben ist, wenn die Massendichte des Universums um den Wert $4x10^{-4}$ bis $4x10^{(-6)}$ über dem kritischen Wert liegt, bei dem das Universum flach ist und die Hubble-konstante kleiner als 45 km/Sek je Megaparsec ist.

Unter diesen Bedingungen könnte das Leben die Scherungsenergie nutzen, um das Higgsfeld zu reduzieren und auf diesem Wege durch Änderung der Kosmologischen Konstanten LAMBDA die Kontraktion des Universums so zu bremsen, dass die Übertragung der in Molekülsystemen codierten Information auf stehende oder umlaufende elektromagnetische Wellen möglich wird. Zu Beginn der Kontrak-tion müssen die Dichteschwankungen klein sein, damit während der Kontraktion nicht unterschiedliche Ereignishorizonte entstehen, die die Kommunikation im gesamten Univer-sum unterbrechen. Das ist nur dann der Fall, wenn die Dichteschwankungen am sichtbaren Horizont des Universums kleiner als $2x10^{-4}$ und die Temperaturschwankungen der kosmischen Hintergrundstrahlung kleiner als $6x10^{-5}$ betragen.

Gemessen werden Schwankungen der Größenordnung $5x10^{-6}$.

Nach der Omegapunkt-Theorie kollabiert das Universum in einer Weise, in der es zwar anisotrop wird, aber dennoch alle zeitartigen Weltlinien in einen Punkt münden, eben den Omegapunkt. Das hat zur Folge, das der Omegapunkt, in den also die gesamte vom Leben codierte Information eingeht, letztendlich das gesamte Wissen über die gesamte Vergangenheit des gesamten Universums in sich vereinigt. Dieser Punkt besitzt damit eine Eigenschaft, die in der christlichen Religion Gott zugeschrieben wird: er ist allwissend über die Ewigkeit und könnte, so er wollte, mit diesem Wissen jeden Menschen virtuell auferstehen lassen.

Determinismus und Willensfreiheit

Die klassische allgemeine Relativitätstheorie ist deterministisch, das heißt wenn der Zustand der Raumzeit zu einem Zeitpunkt t0 vollständig gegeben ist, so ist damit der Ablauf der Raumzeit für alle Vergangenheit und Zukunft eindeutig bestimmt.

In der nichtrelativistischen Quantenmechanik gilt ein solcher Determinismus nicht. Nach der Kopenhagener Deutung haben Elementarteilchen wegen der Unschärferelation ein unbestimmtes Verhalten, das durch einen makroskopischen Messvorgang zur Eindeutigkeit reduziert wird, wodurch der Zufall in die makroskopische Welt kommt. Ein solcher Messvorgang hat nichts mit einer Einwirkung eines subjektiven Bewußtseins zu tun, sondern diese Reduktion erfolgt auch durch Einwirkung einer objektiven Messapparatur, die ja immer ein makroskopisches Messergebnis produziert, das eine bestimmte Wahrscheinlichkeitsverteilung repräsentiert.

Die Schrödingersche Katze ist dann eben mit einer Wahrscheinlichkeit von 50% tot.

Tipler und mit ihm die Mehrheit der Kosmologen wollen dieses Ergebnis nicht akzeptieren. Sie kommen dann zu der Vielweltentheorie, bei der die Unbestimmtheiten der Elementarteilchen ins makroskopische tranferiert werden. Dabei entstehen dann letzten Endes unendlich viele Teilwelten, die alle nebeneinander herlaufen und in sich streng deterministisch sind.

Wie sich diese Leute vorstellen, man könnte durch den freien Willen aus einer dieser Welten in eine andere übertreten, ist für mich nicht vorstellbar und der von Tipler zur Begründung der Vielweltentheorie dargelegte Beweis ist nicht schlüssig. Tatsächlich kommt Tipler später bei der Erörterung, wie eine aus freiem Willen getroffene Entscheidung zustande kommt, auch nicht auf die Vielweltentheorie zurück.

Wenn Tipler richtig feststellt, dass eine freiwillige Entscheidung eines bewußt Handelnden zwar nach rationaler Prüfung aller vorliegenden Informationen erfolgt, dennoch aber "auf der untersten physikalischen Ebene indeterminiert sein" muß, so erkennt er doch gerade den für die Kopenhagener Deutung typischen Zufallscharakter der Reduktion der Wellenfunktion der Elementarteilchen an, auch wenn sich der Handelnde dessen nicht bewußt ist und sich in seiner Entscheidung "frei fühlt". Ganz offenbar ist der Widerspruch zwischen dem Determinismus der Relativitätstheorie und dem Indeterminismus der Quantentheorie eben in der Welt und kann nicht wegdiskutiert werden.

Offenbar soll die Vielweltentheorie dem Handelnden die Illusion einer freien Entscheidung geben, die ihn in jeweils eine andere Welt führt, alle möglichen anderen Welten sind aber in der Vielweltentheorie vordefiniert und enden im selben Omegapunkt.

Philosophische Konsequenzen der Omegapunkt-Theorie.

Falls alle oben angeführten Voraussetzungen und Bedingungen in der physikalisch-kosmologischen Realität tatsächlich zutreffen, existiert auch der Omegapunkt wirklich, alle zeitlichen Weltlinien werden letztendlich in ihn einlaufen und dieser Punkt hat dann alle Eigenschaften eines einzigen, allwissenden Gottes. Die weiteren Teile seines Buches befassen sich mit diesen Eigenschaften und vergleichen diese mit den in den verschiedenen Weisheitslehren und Weltregionen Gott und dem Ende der Welt zugeschriebenen Eigenschaften. Dabei werden verblüffende Ähnlichkeiten festgestellt, es gibt aber keine Erklärungen, wie die verschiedenen Offenbarungen zustande gekommen sind, denn der Omegapunkt existiert erst am Ende der Zeit wirklich, dann aber notwendig.

Eine Lösung dieses Widerspruchs erfordert eine idealistische Philosophie im Sinne des Platonschen Höhlengleichnisses, die Omegapunkt-Theorie ist also diese Philosophie, denn aus allen nach der Vielweltentheorie theoretisch vorhandenen Welten wird nur durch die bewussten Entscheidungen aller Lebewesen die tatsächlich physikalisch existierende Welt definiert.

Die Auferstehung erfolgt im Omegapunkt in der Weise, das alle überhaupt nur möglichen Lebewesen, die früher gelebt oder auch nicht gelebt haben, in den dann existierenden Computern auf der Basis elektromagnetischer Wellen exakt simuliert werden, weil das den Bedingungen der Unterscheidbarkeit aller quantenmechanischen Zustände und der Maximierung der Information entspricht.

Fazit

Die Physiker nehmen uns Hoffnung und Raum auf ein intiutives, spirituelles Leben. Aber nicht verzweifeln. Der Mensch und sei er noch so ein Genie, kann nicht über seinen Schatten springen. Es gibt Situationen, Ereignisse und Nachweise das es mehr gibt, als die Wissenschaft beweisen kann.

.....Alles ist gut!

Quellenangaben

Takashi Nakamura,
Das große Buch vom richtigen Atmen,
Droemersche Verlagsanstalt Th. Knaur Nachf.,
München, 1987 - ISBN: 3-426-04156-1

Brigitte Steger,
Inemuri,
Rowolt Verlag,
Hamburg 2007 - ISBN: 978-3-499-62194-9

Annette Sabersky, Jörg Zittlau,
Die großen Ernährungslügen,
Knaur Taschenbuch Verlag
München 2007 - ISBN: 978-3-426-78002-2

Dr. med. M.O. Bruker, Dr.phil. Mathias Jung,
Der Murks mit der Milch
Emu-Verlags-GmbH,
Lahnstein 1994 - ISBN: 978-8989-045-5

Charlotte Joko Beck,
Zen im Alltag
Knaur Taschenbuch Verlag
München 1990 - ISBN: 3-426-04236-3

Robert Lawlor,
Am Anfang war der Traum
Droemer Knaur
Frankfurt am Main 1995 - ISBN: 3-426-26646-6

Marlo Morgan
Traumfänger
Goldmann
München 1995 - ISBN: 978-3-442-43740-5

Erwin Steinhauser,
Der Soke, das Schwert und ich
Novum Verlag GmbH,
Horitschon, 2005 - ISBN: 3-900693-09-9

Thaddeus Golas,
Der Erleuchtung ist es egal, wie du sie erlangst
Hugendubel Verlag
München 2005 - ISBN: 3-7205-2382-9

Tilo Bode,
Abgespeist
Fischer Verlag
Frankfurt am Main 2007-ISBN: 978-3-10-004307-8

Dr. med. Ingfried Hobert,
Die Medizin der Aborigines
Oesch Verlag
Zürich 2007- ISBN: 978-3-0350-3020-4

Durix, Claude,
Zen, wie das Mondlicht und das fließende Wasser.
Kristkreiz Verlag
Leimen 1991 - ISBN: 3-921508-43-6

Richard McLean
ZEN-Geschichten für den Alltag
Knaur Verlag
München 2004 - ISBN: 3-426-87217-x

Frank. J. Tipler
Über die Omegapunkt-Theorie
Piper Verlag
München 1994 - ISBN: 3-492-03611-2

Karl Obermayer
Zurück zur reinen Quelle
Theseus Verlag - ISBN: 9-783-8962-023-07

Notizen:

Der Autor

Erwin Steinhauser wurde 1940 in Wien geboren. Schon früh erwachte sein Interesse an den japanischen Kampfkünsten. Nach ersten Kontakten zur Judo-Szene landete Steinhauser 1961 bei der Polizeisportvereinigung Wien. Zwei Jahre später leitete er das Wettkampftraining der Polizeifrauenmannschaft. Nach erfolgreicher Wettkampfzeit, die Steinhauser etliche Titel und Meisterehren brachte, ist er als Judo-Lehrer tätig. Als „österreichischer Samurai" ist er weltweit der einzige Nicht-Japaner, der in die Vereinigung Nihon Kobudo Kyokai aufgenommen wurde, und somit auch der Einzige, der die traditionelle Schwertkunst der einstigen Kriegskaste lehren darf. 2005 erschien sein Ratgeber „Der Soke, das Schwert und ich" im novum Verlag.

novum VERLAG FÜR NEUAUTOREN

Der Verlag

„Semper Reformandum", der unaufhörliche Zwang sich zu erneuern begleitet die novum publishing gmbh seit Gründung im Jahr 1997. Der Name steht für etwas Einzigartiges, bisher noch nie da Gewesenes.
Im abwechslungsreichen Verlagsprogramm finden sich Bücher, die alle Mitarbeiter des Verlages sowie den Verleger persönlich begeistern, ein breites Spektrum der aktuellen Literaturszene abbilden und in den Ländern Deutschland, Österreich und der Schweiz publiziert werden.
Dabei konzentriert sich der mehrfach prämierte Verlag speziell auf die Gruppe der Erstautoren und gilt als Entdecker und Förderer literarischer Neulinge.

Neue Manuskripte sind jederzeit herzlich willkommen!

novum publishing gmbh
Rathausgasse 73 · A-7311 Neckenmarkt
Tel: +43 2610 431 11 · Fax: +43 2610 431 11 28
Internet: office@novumverlag.com · www.novumverlag.com

AUSTRIA · GERMANY · HUNGARY · SPAIN · SWITZERLAND